Dios Tiene Un Plan

El futuro gobierno de Dios será

afirmado en la justicia y el derecho;

el amor y la fidelidad.

Jacqueline Torres, PhD

Publicado por Manuscritos Publishing

Dios Tiene Un Plan

Segunda Edición

EBook edition ISBN: 9781631114243

Paperback ISBN: 9781631114236

Paperback ISBN: 9781734096729

Derechos de autor © Jacqueline Torres, PhD.
(2018) 2021. Dios Tiene Un Plan, Connecticut:
edición BAM. Reimpreso, Connecticut:
Manuscritos Publishing.

MANUSCRITOS PUBLISHING
PRINCIPIOS. SABIDURÍA. ÉXITO

Mensaje del Editor

Dios tiene un Plan es una obra increíblemente conmovedora. Te hará evaluar tu relación con Dios. Te obligará a mirar tu pasado, reflexionar sobre tu presente y establecer tu futuro. A lo largo de este viaje, no has estado sin ayuda. Alguien te ha estado moviendo y guiando tus pasos hacia adelante todo el tiempo.

Le deseamos todo el éxito a nuestra autora Jacqueline Torres por su gran esfuerzo en completar este libro y publicarlo con el sello de nuestra casa editorial.

Tabla de Contenidos

Dedicatorias

Dedico esta obra:

Irán Torres, por ser un gran esposo y compañero. Por todo su apoyo, especialmente en los momentos más difíciles cuando pensé que no podía continuar. En tener paciencia conmigo durante todo el transcurso de mis estudios y de escribir este libro. Amor, tú eres la luz que ilumina mi camino. *Forever Yours.*

Milagros Nadal, mi madre que es ancla en mi existencia, una mujer fuerte, llena de virtud y sabiduría. Una mañana, mientras compartía el manuscrito con ella, me dijo *escribe el libro que yo lo compro.* Se sintió inspirada con sólo yo leerle porciones del manuscrito y esa inspiración me conmovió a querer publicar el libro. *Gracias Señor, por los Ángeles mensajeros.*

A mis hijos; Wilfredo, Jessica y Jennifer que son mi inspiración, mi fuerza y mi valor.

A mis hermanas; María, Helen y Wanda por su apoyo y cariño.

A todas las personas que de alguna manera u otra van a ser inspiradas y transformadas por medio de esta obra.

Agradecimientos

Agradezco sinceramente a:

Compañeros de estudios, por su apoyo y por los momentos agradables que pasamos en clase, por los momentos personales que compartimos, por los logros que disfrutamos y por los valles, los puentes y las montañas que tuvimos que cruzar para poder llegar al final.

Profesores, todos fueron de gran inspiración a mi crecimiento y desarrollo espiritual y personal. Gracias por su apoyo y paciencia.

Colega, Pastora y Editora Aida Santiago quien siempre dice presente en cualquier momento y a cualquier hora. *Una verdadera sierva del Señor disponible siempre para servir.*

Movimientos: *Mujer, Recibe Tu Unción [MRTU] y Ministros, Llama de Fuego [MLDF]* en ayudar a posicionar al pueblo y a su líder en la preparación del camino hacia el futuro. La Misión y el propósito de MRTU y MLDF; son de empoderar y ayudar a las mujeres y hombres latinos de fe en nuestras comunidades, a lograr sus metas, sueños y propósito en la vida.

El apoyo y respaldo a nivel global que ha recibido MRTU y MLDF de las mujeres y hombres que de alguna manera u otra fueron impactados y transformados por estos movimientos desde sus inicios hasta su implementación.

A todo el personal de estos movimientos que de alguna manera me conmovieron y me ayudaron a seguir adelante y triunfar. *Para ustedes con todo mi amor y afecto.*

Espíritu Santo que nos trae a toda la verdad y justicia, él es el que revela los planes de Dios para nuestras vidas. *Doy gracias con especialidad al Espíritu Santo por dirigir mis pasos.*

Preámbulo

Este libro no es un estudio exhaustivo del libro de Ezequiel, ni pretende serlo, simplemente es para estimular su mente y el interés para fomentar el estudio. La marca distintiva del libro: *profeta invadido para lo eterno.*

Dios tiene un Plan, es un estudio basado en el libro de Ezequiel con tres sermones en serie. Es un libro dirigido a líderes empresariales, educadores, líderes laicos, pastores y toda persona interesada en continuar sus estudios bíblicos o como yo lo llamo *Periodismo Espiritual.*

Este libro está diseñado para captar la atención del público y para ayudar a posicionar al pueblo y a su líder en la preparación del camino hacia el futuro.

El futuro y nuevo líder nacional será un agente de justicia, paz e igualdad. El nuevo líder religioso en la época postexílica será un líder con una conciencia cívica, educador, sacerdote y juez en sus funciones.

Tendrá la responsabilidad de fomentar la implementación de la justicia en la comunidad. El futuro gobierno tendrá una nueva labor, nuevo ministerio, nueva función y fundirá el nivel administrativo con el religioso y el político con el sacerdotal.

El propósito del libro sirve para iluminarte con respecto al hecho de que Ezequiel no era sólo el pregonero del *valle de los huesos secos*.

A pesar de que algunas personas, cuando se menciona el nombre de Ezequiel, la única ilustración que viene a sus mentes es ese panorama de huesos secos.

Sin embargo, hay otro punto de vista que se puede analizar y es que Ezequiel lo vio como *la inspección de un ejército poderoso*.

En este libro vamos a apreciar como Ezequiel presenta el personaje de Dios, a la luz de un pueblo que no lo entiende, un pueblo que no entiende su propia historia ni el plan que Dios ha diseñado desde el principio de la creación para ellos.

Israel estaba supuesto asumir su posición líder en la plataforma nacional. No obstante, ellos solamente se conformaron con hablar de las maravillas que Dios había hecho.

Vieron a Dios y la victoria, como algo abstracto y nunca lo relacionaron con su propio triunfo que era el propósito de Dios para ellos. Aquí podemos enfatizar que no es sólo hablar de la Palabra, es más bien saber cómo aplicarla.

Es interesante que el pueblo de Israel duró con Ezequiel 40 años en el exilio y con Moisés duraron 40 años en el desierto y nunca hicieron la conexión entre Dios y ellos. *El mensaje de Dios no cambia, lo que cambia es el mensajero.*

Dios fue audaz con Ezequiel desde un principio, no entró en rodeos con él, sino que le dejó saber exactamente lo que él esperaba de Ezequiel.

Dios le presentó a Ezequiel, una lista de su descripción del trabajo con especificaciones y requisitos de la misión que él tenía que cumplir. Lo primero que le dice a Ezequiel es:

- no te vas a engrandecer por tu propia bondad, sino por la presencia permanente de Dios
- vas a habitar entre escorpiones y un pueblo rebelde
- Yo mismo te voy a preparar para que funciones como Juez, Fiscal y Defensor
- tendrás que estar hipnotizado por una semana
- tendrás el rostro más duro que una piedra
- tendrás que acostarte en el lado izquierdo durante 390 días y en el lado derecho durante 40 días
- tendrás que ser un doble agente y activista social
- tendrás un Llamado dentro de un Llamado
- vas a enseñar a un pueblo rebelde, el camino hacia el perdón

- vas a tener experiencias negativas
- tendrás que ser un hombre ampliamente formado y sumamente intelectual
- tendrás un ministerio profético con un mensaje a oídos sordos
- tendrás que hacer cosas peculiares como comerte un rollo
- tendrás que investigar el delito de Jacob y el pecado de Israel
- tendrás que hablar con autoridad y ser un visionario
- presentarás un mensaje con hechos, ordenanzas y fundamentos históricos
- serás viudo y mudo
- tendrás que tener cuidado de quienes son tus amantes, porque serán citados y ejecutarán castigos
- tendrás que ser frágil
- tendrás que ser cantante, poeta, pintor artístico, político, centinela, atalaya y mensajero
- tendrás que dar esperanzas al pueblo
- tendrás que ser un exiliado entre exiliados
- tendrás que hacer una encuesta sobre el estado exílico del pueblo
- tendrás que proteger la reputación y el nombre de Dios

Después de esta descripción del trabajo:

1. ¿Quieres todavía ser sacerdote?
2. ¿Quieres todavía ser ministro?
3. ¿Quieres todavía ser líder?
4. ¿Quieres todavía aceptar el llamado?

Para Ezequiel la justicia es la clave de la vida y la salvación. El entiende que la justicia debe manifestarse en niveles éticos, morales, sociales, jurídicos y religiosos. El nuevo líder no poseerá funciones sacerdotales. Para ser un líder excepcional, formado e intelectual, tienes que tener sabiduría y conocimiento de todo, aunque no seas el todo para todos. Cuando llevas un mensaje de Dios, no puedes guiar a otros basándote en tus emociones.

Ezequiel, persuadido por la causa de Dios, ahora ya no es abstracto de él, ahora lo posee y podemos ver que hay una relación entre el Profeta y su mensaje. Ezequiel gozó de una gran experiencia espiritual y duró en esa iluminación espiritual o estado catatónico por una semana. Ezequiel reconoció que el reino de Dios está establecido en justicia, paz y gozo en el espíritu. *La justicia no es para debatir, sino para establecer.*

Ezequiel entendió que tenía que llevar este mensaje al pueblo exiliado y que la gloria de Dios ni está atada a una institución, oficio o sacrificio. La introducción del llamamiento profético de Ezequiel, fue la manifestación de la gloria de Dios. La gloria del Señor, se le presentó a Ezequiel para confirmar su llamado. Vale la pena preguntar aquí, ¿a cuántos de ustedes se les ha llamado de esta forma?

Capítulo I

TRASFONDO HISTÓRICO

<u>Dios tiene un Plan</u> con su pueblo aún en el exilio. Según el mismo libro, la profecía de Ezequiel pertenece al exilio. El mensaje del profeta vino de Yahveh durante la primera parte del exilio, entre el año 593 y el 571 a.C.

Por lo tanto, con Ezequiel comienza una nueva fase en la profecía israelita distinta en forma y características de las profecías estudiadas hasta ese momento. En parte, ésta es la razón de la dificultad que tienen los eruditos críticos en el intento de relacionar a Ezequiel (igual que Zacarías y Daniel) al modelo aceptado de la profecía israelita. [1]

La vida de Ezequiel fue casi contemporánea de la de Jeremías: ambos procedían de familias sacerdotales, excepto que Ezequiel fue mucho más consciente de sus orígenes y tuvo un interés mucho mayor por el templo de Jerusalén que Jeremías. Ezequiel fue uno de los exiliados a Babilonia en la primera deportación del año 597 a.C., y sus mensajes cuidadosamente fechados, fueron transmitidos entre los años 593 y 571 a.C.

El libro veterotestamentario de Ezequiel se compone de cuatro secciones bien distintas:

- los mensajes relacionados con los habitantes de Jerusalén antes de la destrucción de la ciudad en el año 586 a.C. (1:1-24; 27)

- los oráculos contra las naciones extranjeras (25:1-32; 32)

- los mensajes pronunciados en Babilonia, relacionados principalmente con el regreso de los exiliados a Judá (33:1-39; 29)

- un detallado programa de acción sacerdotal para el futuro estado judío (40:1-48; 35)

La complejidad del libro y del mensaje contradice esa importante estructura literaria. Sus contenidos son tan diversos de lo cual no es difícil imaginar a personas diferentes implicadas en su composición. En un momento, el profeta es una persona que tiene extrañas visiones de animales alados y de ruedas con ojos (Ezequiel 1:4-28).

En otra ocasión, se asemeja mucho más a Jeremías, pronunciando condenación contra la Jerusalén perversa y pone nuevo énfasis en una relación personal entre Dios y su pueblo (15:1-8; 20:1-49). Después, vemos a un profeta cuyos mensajes a otras naciones reflejan una vasta comprensión de las sutilezas de la política internacional (25:1-32; 32).

Luego, hay un sacerdote planificando con todo detalle la organización de un nuevo templo con un ritual mucho más estricto que el anterior (40:1-48, 35). Por estos motivos, algunos expertos o eruditos han considerado el libro como una recopilación de la obra de diversos autores.

En el siglo I d.C., el historiador judío Josefo, hablaba de dos libros de Ezequiel (Antigüedades judías, X, v.1). Pero es mucho más probable que todos estos mensajes provengan de una misma persona.

Ezequiel recibió la vocación para ser profeta en Babilonia en el año 593 a.C. Tuvo una visión de una nube flamante que provenía del norte y que contenía un carro de combate, tirado por cuatro criaturas aladas de un tipo que era familiar por bastantes esculturas e inscripciones babilonias (1:4-28). Sobre este carro había un trono y el Señor estaba sobre el trono, el Dios de Israel. En la visión, a Ezequiel se le da un manuscrito o un rollo para que se lo comiera. El manuscrito contenía su mensaje: elegías, lamentos y ayes (2:10).

Estos mensajes, se contienen en la primera sección del libro y van dirigidos al pueblo de Jerusalén en los días oscuros del reinado de Sedecías. Ezequiel describe el declive moral y espiritual de la sociedad jerosolimitana con tal realismo que es difícil creer que él no estaba allí, sino en Babilonia.

En realidad, algunos expertos opinan que Ezequiel tuvo que estar de visita en Judá por aquel tiempo, pero es más probable que tuviera una especie de segunda visión clarividente. Las experiencias de Ezequiel como profeta, están mucho más cerca de las experiencias mencionadas de las bandas extáticas de otros grandes profetas en el primer período de la historia de Israel.

Evidentemente, gozó de una gran experiencia espiritual, ya que después de recibir la primera visión, permaneció en esa iluminación espiritual o estado hipnótico durante toda una semana (3:15). Si tenemos en cuenta esto, su extraordinaria precisión a la hora de describir la vida en Judá, bien podría deberse a experiencias visionarias más que a observaciones realizadas sobre el terreno.

Sin embargo, Ezequiel no fue un profeta irracional y su mensaje esencial no se diferenció mucho de Jeremías: Jerusalén sería destruida en breve y su población llevada al exilio. No veía esperanza inmediata de regresar, aunque se hallaban indicios de que el destierro podría limitarse a unos cuarenta años (4:6).

A pesar de su declaración de condena y destrucción, el mensaje de Ezequiel a los exiliados en Babilonia tras los acontecimientos del año 586 a.C., era positivo. Sabía que la nación se había acarreado a su ruina, pero estaba convencido de que la suerte de la nación no dependía ya de sus propias manos.

Las acciones amorosas de Dios, los habían convertido en nación y el poder de Dios los restauraría dándoles la capacidad de arrepentirse y de comenzar de nuevo: *Os daré un corazón nuevo y os infundiré un espíritu nuevo; arrancaré de vuestra carne el corazón de piedra y os daré un corazón de carne. Os infundiré mi espíritu y haré que caminéis según mis preceptos y que pongáis por obra mis mandamientos. Habitaréis en la tierra que di a vuestros padres; vosotros seréis mi pueblo y yo seré vuestro Dios* (36:26-28).

Dios cuidaba personalmente de su pueblo, como un buen pastor que se preocupaba de su rebaño. Aunque fueran dispersados, él los reconduciría y los llevaría a una nueva vida: *los sacaré de entre los pueblos, los congregaré de los países, los traeré a su tierra; Yo mismo apacentaré mis ovejas, Yo mismo las haré sestear* (Ezequiel 34:11-15).

Merecen atención especial estos rasgos característicos de los mensajes de Ezequiel:

Cuando el profeta mira hacia el futuro, hacia la restauración del reino de Israel bajo un príncipe de la familia real de David, lo hace a menudo en términos que trascienden mucho con el nacionalismo literal.

Los profetas anteriores habían esperado con frecuencia que vendrían mejores tiempos, pero pensaron en la posibilidad, al menos teórica, de que esa mejor y nueva época viniera a través de un nuevo rey en Jerusalén que a diferencia de sus predecesores, obedecería la voluntad de Dios.

Habiendo dicho esto, Ezequiel supone que la inauguración de una nueva época, cuando Dios y su pueblo vivan en completa armonía, no se podrá alcanzar mediante un rey tradicional.

Este reino tendría que ser una obra directa de Dios. Pensamientos de este tipo condujeron quizás a desarrollar un nuevo tipo de literatura religiosa judía como los llamados libros apocalípticos. Algunos de los cuales cuyos trazos de nuevo comienzo se pueden ver en pasajes como Ezequiel 38-39.

Aquí, el profeta describe como los enemigos de Judá, conducidos por un jefe misterioso llamado Gog, atacarán a Palestina, pero serán luego aniquilados con torrentes de fuego y azufre que caerán del firmamento.

Después, los exiliados judíos serán reinstaurados en su propia tierra y el espíritu de Dios reposará sobre ellos. Ezequiel utiliza el mismo lenguaje extraño, cuando describe una corriente maravillosa y dadora de vida que fluye del restaurado templo de Jerusalén, hasta el Mar Muerto y que convierte el desierto judío en una tierra de gran fertilidad (47:1-12).

Los mensajes de Ezequiel, también contienen un plan detallado para un templo renovado en Jerusalén (40:1-48). No se limita a describir su construcción, sino que dicta las normas que regularán su culto. Algunos expertos, han visto esto como símbolo de un legalismo árido que, según ellos, fue incontenible en la época del exilio. En su opinión, las mismas ideas se encuentran en otros profetas de este período.

Con frecuencia, se contrasta este interés por el rito religioso con las convicciones de los profetas verdaderamente grandes como: Amós y Oseas quienes afirmaban que la voluntad de Dios, no se cumplía con ostentación de sacrificios y holocaustos, sino con el comportamiento ejemplar de cada día. Pero, ésta es una interpretación equivocada del mensaje de Ezequiel y se debe más al protestantismo moderno que al Antiguo Testamento.

Como resultado de esta interpretación, los rasgos característicos del ejercicio cultural de Israel son a menudo malinterpretados. Ezequiel no canonizaba la ejecución material del rito religioso, pero también sabía que los exiliados nunca podrían por si solos renovar su vida espiritual. Incluso, en los días agradables después del éxodo de Egipto la obediencia a la ley del pacto con Dios, no fue fácil.

El pecado y la desobediencia fueron una realidad inevitable. Los israelitas se hicieron nación grande, no por su propia bondad, sino por la presencia permanente de Dios.

Desde el mismo comienzo, esa presencia había sido representada por las instituciones formales del culto: desde la tienda de culto en el desierto, hasta el templo magnífico de Jerusalén. Que lejos de constituir una aberración, eran un símbolo permanente de la fe medular de Israel.

No sólo representando la fidelidad y el poder de Dios, sino también el camino para el perdón de un pueblo rebelde. Por esa razón, los símbolos eran parte esencial de la comunidad restaurada.

Ezequiel no fue el único que vio la situación de esta manera, ya que se cree comúnmente que, durante el exilio babilónico, los jefes judíos comenzaron a evaluar el estado de su pueblo reflexionando sobre el pasado.

La historia deuteronomista pudo ser escrita en Judá durante esta época, precisamente por esos mismos motivos, pero el énfasis de esta historia en conexión estrecha entre la obediencia del pueblo y la bendición de Dios, podría llevar fácilmente a la conclusión equivocada de que los exiliados fueron los responsables de su propio destino.

Fácilmente, el mensaje de profetas como Amós y Oseas e incluso Jeremías podría ser malinterpretado al sugerir que el buen comportamiento era una manera de chantajear a Dios para que diera su bendición a Israel.

Efectivamente, cuando echamos una mirada retrospectiva al primer período de la historia de Israel, podemos ver que eso era sólo un lado de la historia. La exigencia profética de obediencia a la ley de Dios, se había basado en la bondad exclusiva del amor de Dios, como en la secuencia de acontecimientos con la vocación de Abrahán y el éxodo de Egipto.

Con razón, aunque el tiempo anterior tampoco había sido perfecto, los profetas declararon que los problemas religiosos de la nación, comenzaron cuando sus miembros se asentaron en la tierra de Canaán. Tal vez, ésta fue una buena lección para los exiliados que se preocupaban en evaluar su desastre nacional.

Sin embargo, al reflexionar sobre todo esto en Babilonia puede ser que los líderes religiosos, intentaron escribir una historia de las experiencias más antiguas de su país, comenzando con la creación. Los historiadores Deuteronómicos, reflexionando hace unos siglos atrás, no empezaron desde cero para recopilar su historia.

Eso significaría que se dieron cuenta de que tenían una rica experiencia histórica de su patrimonio nacional. No obstante, pudieron ver que el relato de estas historias familiares y el problema de la desobediencia humana, no era nada nuevo, era muy antiguo y era parte de la vida misma. [2]

Ezequiel, al igual que todos sus predecesores, siguió con gran interés todos los acontecimientos de laesfera política. Asur había sido borrada de la escena política (Ezequiel 32:22). Palestina se encontraba bajo las grandes autoridades de Babilonia y Egipto. Amenazado gravemente por la primera, Judá buscó ayuda en la segunda y tuvo que soportar grandes desilusiones (Ezequiel 17:1; 30:20).

Después, el profeta observa el acercamiento de Nabucodonosor (Ezequiel 21:23). En primer lugar, el gran rey tendrá que lidiar con Tiro, sobre cuyas relaciones está muy bien informado Ezequiel (Ezequiel 26-28).

Asimismo, tiene conocimiento el profeta de la conducta hostil de los pequeños pueblos vecinos: amonitas (Ezequiel 25:2) y edomitas (Ezequiel 25:12). No debemos sorprendernos de que Ezequiel conozca todos los acontecimientos de su país. Incluso los detalles, porque desde ese momento y hasta el día de hoy nada ha cambiado en los grupos de exiliados.

El horizonte espiritual de ese hombre era extra-
ordinariamente amplio desde el punto de vista de
conocimientos y cultura. En una observación hecha
de pasada, lo que dijo sobre la condición especial ét-
nica del antiguo Jerusalén, es asombroso: *en lo que
concierne a tu origen, tu padre era un amorreo y tu
madre hitita* (Ezequiel 16:3) pues al hablar de ese
doble origen, acertó plenamente en lo que se refiere
a las circunstancias históricas del Jerusalén pre-
davídico (población cananea y soberanía hitita). [3]

En términos generales, junto con este conocimiento histórico, también encontramos a Ezequiel con
un profundo conocimiento de la extendida razón de
varios elementos de tradición y carácter mitológico o
extraordinario (del hombre primitivo: Ezequiel 28:11;
hijo de descubridor: Ezequiel 16:1; del árbol maravil-
loso: Ezequiel 31:1).

En todos estos casos, el uso de materiales, su in-
corporación y fusión con otros elementos heterogé-
neos de su predicación, permiten llegar a la conclusión de que poseían una fuerza extraordinaria,
creativa y espiritual.

Si se añade que Ezequiel, también está informado
sobre las peculiaridades técnicas de la construcción
naval, así como los materiales que se usan del origen
exótico (Ezequiel 27:1) nos encontramos ante la imagen de un hombre no sólo ampliamente formado,
sino también antes de un gran creador sumamente
intelectual.

En Ezequiel, mucho más de lo que ocurría en Jeremías, el ministerio profético suele a expresarse de una manera literaria, a través de una forma digna o al menos a una reforma mayor de los materiales.

Cuando se considera desde el punto de vista de la historia, todos los elementos, las formas y los pequeños discursos agresivos y amenazas en las que se había expresado la profecía clásica, casi completamente desaparecen en Ezequiel. Si toma la palabra, es para producir poemas o discursos de gran tamaño, como muestra por ejemplo el género literario de las elegías, escritas por Ezequiel con estilo barroco. [4]

En esos desarrollos que a menudo, como ya hemos dicho, tienden a la grandilocuencia, Ezequiel gusta de reducir los temas a lo plástico o a lo tradicional, más que cualquier otro profeta.

El lenguaje de imágenes o el estilo enigmático, habían sido un sistema importante de los profetas desde hace mucho tiempo, para excitar la atención de sus oyentes por medio de un misterio. [5]

En el lenguaje por imágenes de Ezequiel, el revestimiento de lo que se dice ya no procede de una situación Luga dialógica pública (el uso moderno árabe luga, se aplica a veces a un estilo menos formal y más simplificado de la lengua escrita, tal como diálogo literario de luga) sino que más bien se trata de una forma literaria y manipulada artísticamente.

Tal es el caso de la imagen literaria, ya próxima a la parábola del sarmiento (Ezequiel 15:1) la alegoría, definida como enigma de las dos águilas y la cúspide del cedro (Ezequiel 17:1) la alegoría de la muchacha a la que primero encontró abandonada Yahveh y luego desposó (Ezequiel 16) las dos lamentaciones de Sedecías (Ezequiel 19:1-14, de la leona y de la viña) y por fin a la imagen literaria (Ezequiel 21:2; 24:3).

Aunque, en otras situaciones cuando Ezequiel quiere ilustrar un problema con los casos que sirven de modelo, siempre está de manera indirecta presentando su solución. La sucesión de generaciones de Ezequiel 18:5, es una abstracción de tipo sistemático; los tres orantes; Noé, Daniel y Job (Ezequiel 14:12-23) son igualmente figuras que pertenecen a unos tipos de carácter paradigmático.

Con la ayuda de esos revestimientos en lo imaginativo y mediante esas abstracciones que van buscando lo tradicional, es decir: el modelo, el arquetipo; Ezequiel se mantiene a cierta distancia de las cosas.

Sus exposiciones respiran una frialdad didáctica que cuando el profeta cede a su inclinación de describir lo que es grosero e indecente, actúa más amargamente. En este punto la diferencia con Jeremías es mucho mayor, ya que aquél llenó su mensaje intensamente con los sentimientos de su corazón sensible.

De hecho, Ezequiel debe haber sido un hombre que enfrentó temperamentos completamente opuestos. Sin embargo, la frialdad y dureza de la que to dos los exégetas hablan en cuanto a él, proporcionan una impresión de grandeza e inaccesibilidad.

Sería completamente erróneo, querer ver en Ezequiel al juez de su época sin participar en ella y de la situación anómala, ya que en ese hombre ardía el fuego inquietante del celo y no solamente por Yahveh, sino también por Israel. Sin embargo, lo que es notable y particularmente interesante es que, además del hombre inspirado y visionario, Ezequiel tiene espacio para la reflexión racional.

En resumen, Ezequiel no es solamente profeta, sino también teólogo. La verdad es que necesitaba esa doble profesión, pues tuvo que enfrentarse a una generación pretenciosa y rebelde que no se contentaba con los mensajes proféticos y obligaba a adoptar una actitud polémica. Ningún profeta, tuvo una necesidad tan imperiosa de reflexionar intensamente con algunos problemas y clarificarlos, hasta sus últimas consecuencias.

Sin embargo, el relato de su vocación a orillas del río Quebar (Ezequiel 1:4; 3:15) constituye por sí mismo un cuerpo de tradiciones y de dimensiones barrocas, compuesta de varios elementos tradicionales que, en su configuración actual, se presentan como un todo.

Ezequiel contempló el soplar tempestuoso de la gloria de Yahveh [6] y luego experimentó su misión a modo de acto oficial y celestial, durante el que se le hizo entrega de un volumen con el mensaje que había de cumplir como mensajero.

Cada uno de los elementos individuales de esta totalidad, ahora indivisible, tiene una larga historia tras sí; no siendo el último de ellos en recibir revelación de que, en su ministerio profético, él predicará a oídos sordos y tendrá que habitar entre escorpiones (Ezequiel 2:6).

También, en este punto existe una tradición: la carga de experiencias negativas que se le impone al profeta en la primera hora de su servicio, va creciendo continuamente. [7] Pero, Yahveh lo prepara para ese camino de contradicciones que supera todas las fuerzas humanas; hará el rostro del profeta más duro que el pedernal.

El mensaje de la condenación, tomado de un libro pre-existente en el cielo que Ezequiel recibe para que él coma, le sabe más dulce que la miel.

Esto significa claramente que en este punto y desde ahora, ha sido persuadido por completo para la causa de Dios; existe compenetración entre el profeta y su mensaje; por tanto, no protestará contra él como hizo Jeremías.

El volumen que Ezequiel tenía que comerse, tenía escrito por el derecho y por el revés; lamentaciones, gemidos y ayes de dolor (Ezequiel 2:10) siendo de este modo llamado, como todos sus predecesores, para anunciar a Jacob su delito y a Israel sus pecados (Miqueas 3:8). Ahora, hacernos cargo de las peculiaridades que emplea en los argumentos y de la tarea de su manera de ver el delito de Jacob.

Con una somera lectura del texto surge ya un resultado: es evidente en cuanto a los mandamientos sociales y morales que las querellas por transgresión, pierden terreno cuando Ezequiel habla de pecados, ante todo se trata de infracciones de las órdenes sagradas.

Para Ezequiel, la causa del cercano hundimiento de Israel está sin lugar a dudas, en que Israel fracasa en el terreno de lo que es santo; Israel ha profanado el santuario (Ezequiel 5:11) que se vuelve hacia otros cultos (Ezequiel 8:7) y que ha metido a los ídolos en su corazón (Ezequiel 14:3).

En resumidas cuentas: Israel se ha vuelto impuro ante Yahveh y ésta es la causa de su castigo. [8] Las noticias más abundantes, las proporcionan naturalmente las grandes visiones del pasado de los capítulos 16; 20 y 23. Evidentemente fueron escritos con la visión de un sacerdote.

El hecho es que las categorías según las cuales Ezequiel es ordenado, a su parecer indican que él es

por encima de todo profeta; pero el mundo concep-
tual en el que vive, la regla de medida que aplica a la
vida de Israel ante Yahveh, tienen un marcado carácter sacerdotal.

También, es una consecuencia que, para Ezequiel
en su pensamiento sacro sacerdotal, sea tan importante la pureza del país (Ezequiel 36:17). De ese modo,
el profeta considera que el pueblo de Dios y la tierra
que ocupa forman una unidad, llamándola en ocasiones tierra de Israel o montaña de Israel, como si
fuesen el mismo Israel. [9]

La regla con la que Ezequiel mide la conducta de
Israel, son las órdenes o leyes y los preceptos que
Yahveh ha dado a su pueblo (Ezequiel 5:6). [10] También
tenía a Amós ante sus ojos, cuando acusaba a Israel
por la transgresión de los mandamientos.

Se puede apreciar las diferencias que hay en Ezequiel, cuando se consideran las sorprendentes y sig-
nificativas transformaciones que tienen lugar en lo
que concierne a la historia de las formas literarias.

En realidad, un análisis detallado de Ezequiel 14:1-
11; da por resultado que está perícopa, comienza con
la figura de una invectiva profética o discurso agresivo
profético, pero pronto se interrumpe este estilo
profético y el contenido discurre en la forma
impersonal de las normas jurídicas-sagradas; *todo
aquel que en la casa de Israel fuera en pos de los ídolos*
(v. 4).

Lo mismo ocurre con la amenaza; después de lo acostumbrado, la alocución divina comienza en el v. 6, con el estilo en primera persona, pero más tarde cambia otra vez, a la forma característica del lenguaje jurídico-sagrado; *todo aquel de la casa de Israel y de los establecidos en Israel que se aleja de mi* (v. 7).

No se trata solamente de una forma estilística y extraña, aprovechada por un profeta para esta situación, en cierto modo usurpada, para de nuevo más tarde abandonarla.

Esta situación tan sorprendente, desde el punto de vista de la historia de las formas, significa mucho más que un juego ocasional con una forma extraña: remite a una distinción en la esencia intima del profeta.

Este no solamente recurre a las antiguas disposiciones sagradas en el caso de la invectiva anunciada por ellos; todavía tiene más importancia que en el anuncio del castigo, sin dar más explicaciones hace intervenir a las antiguas disposiciones y los castigos por ellas anunciados.

Ezequiel renuncia a dar un juicio partiendo de su propia visión profética; le basta en este caso con citar la antigua disposición: la fórmula de castigo que se había usado desde siempre y que se trata de una antigua fórmula sagrada, quiere decir: el anatema.

En cuanto a todo esto, Ezequiel está arraigado en la tradición sagrada sacerdotal. Hemos logrado algo importante en el asunto que es exigido imperativamente para comprender a este profeta en cuanto a su visión de las tradiciones históricas y cuál es su fundamento. De ella tomó los elementos fundamentales de la revelación sagrada del mundo, es decir lo que es santo y lo que es profano.

Al mismo tiempo, tomó una base amplia de principios no pasados de moda y normas que regulan la vida del hombre, para llevarlo a la cercanía de lo que es la santidad. La función de Ezequiel no era la de sacerdote.

Lo que anunció, va más allá de todo lo que un sacerdote, podría predicar a un laico, en la esfera de su oficio sacerdotal y es fácil mostrar dónde y hasta qué punto, su mensaje hizo estremecer los cimientos de esa teología sacerdotal. Es una mezcla curiosa de contención y libertad, frente a las tradiciones sagradas.

Por supuesto, su concepción sagrada del mundo, tiene un impacto en la forma de sus predicciones sobre el nuevo Israel. Ezequiel, también debe a la tradición sacerdotal, su imagen histórica de los comienzos de Israel. También, recurrió a la historia para mostrar la maldad errante y pecaminosa de Israel.

Por tres veces, se arrojó a las acusaciones con una amplia fundación histórica (Ezequiel 16; 20; 23). So-

bre todo, hay interés especial en la recapitulación de
la historia desde el momento de la primera elección,
hasta el conquistar de la tierra prometida en Ezequiel
20.

Ya que, en ella, por un lado, el Profeta sigue un esquema habitual bien conocido por tradición y ya muy
fijo de la historia de la salvación (aunque no parece
pertenecer a las fuentes literarias de Hexateuco) da
nuevos colores a lo que se le había transmitido, por
medio de la interpretación y disposición muy personal de los elementos.

Por otro lado, la elección, es decir, el comienzo de
la historia de Israel con Yahveh, tuvo lugar en Egipto, con la concepción del nombre de Yahveh y del
primer mandamiento. Pero, nos topamos con características peculiares de su imagen histórica.

El pueblo, ya entonces en Egipto, rehusó prestar
obediencia a esa percepción de Yahveh. No se separó
de los cultos paganos y no faltó mucho para que ya
en Egipto, Yahveh rechazase al pueblo (v. 5-10).

Luego, viene una segunda fase: Yahveh conduce a
Israel al desierto y le revela los mandamientos. Sin
embargo, la intención de Yahveh de vincular a la
gente con él, falló (v. 11–14).

Sigue una tercera fase: el Señor hizo conocer sus
mandamientos a la segunda generación, encontrán-
dose una vez más sin obediencia (v. 15-17). En la cuar-

ta y última fase, el Señor retira su mano y permite a su pueblo algunos mandamientos que fueron controversiales, fue como si les instruyera con sarcasmo, permitiéndoles ser contaminados según el corazón y la maldad que había en ellos; ofreciendo sacrificios a los ídolos.

Porque cuando él les decía que hicieran lo que es correcto no le obedecieron, entonces él usó la *psicología revertida* (el Psicólogo de los psicólogos) en primer lugar, la idolatría llevó al pueblo a ofrecer sus hijos al dios Moloc (ver Levítico 18:21; Deuteronomio 12:31; Deuteronomio 18:10).

El mandamiento de ofrecer al primogénito humano fue un mandamiento polémico aislado, según el corazón y la maldad que había en ellos; por el cual Israel debía mancharse y permanecer impuro ante Dios (v. 18-26).

Ahí termina la descripción histórica; Ezequiel, alcanzó más o menos un momento en que los compendios tradicionales definen cómo fue la conquista de la tierra prometida.

Si es pequeña la seguridad que podemos tener sobre los detalles particulares que el Profeta había encontrado en las tradiciones preexistentes atribuidas a la obra exclusiva de Ezequiel, mayor es la convicción de la parodia de esta historia de salvación que son como una cadena de fracasos y castigos divinos.

Por un lado, lo que el Profeta hizo con las sagradas tradiciones, es aterrador y muestra una fusión de una naturaleza muy paradójica, entre la proyección de la tradición y otra de la audacia de la libertad en la interpretación de esas tradiciones.

Para él, la historia de la salvación se divide en cuatro fases que a su vez llevan un ciclo de cuatro épocas: 1) autorevelación de Yahveh; 2) desobediencia; 3) cólera; 4) perdón. Es fácil notar que el Profeta trabaja con materiales de tradición que le sirven apropiadamente para lo que él pretendió.

Esto se vale sobre todo de los mandamientos no buenos, en que la libertad de interpretación profética alcanzó la máxima osadía. [11] Se muestra con especial claridad que un esquema extraño, se sobrepuso violentamente a la trama tradicional, cuando Yahveh tiene que poner término a su cólera para que su nombre no sea profanado ante los pueblos (20:9; 14:22).

Las primeras tres fases de esta historia terminan, en que el Señor puso fin a su enojo por compasión con su pueblo y decidió dirigir a su pueblo (v. 9, 14, 17). De este modo, el profeta entra de nuevo en contacto con los antiguos compendios que solamente habían enumerado los hechos de esa providencia divina. En la última fase falta ese estribillo.

Es por eso que esa fase que alcanza propiamente hasta la época del profeta, está todavía pendiente.

Así pues, éste es el modo como entiende Ezequiel la historia divina canónica: como una cadena de fracasos de Yahveh y como una transgresión continua de la voluntad divina, por parte de Israel. Lo único que permitió que la situación durara y se quedara, fue una continua incoherencia divina: cuidando de que su nombre fuera honrado entre los pueblos.

Lo que Ezequiel quiere decir con sus resúmenes cortos a través de la historia es esto: ¿Qué se puede esperar de un pueblo que tiene semejante historia a sus espaldas?, y que desde hace tiempo ha agotado hasta el último resto de la paciencia de Dios.

En consecuencia, esa historia de Yahveh con Israel tiene un valor auténtico de vaticinio, porque de la misma manera que había sido una historia de juicio divino; el Señor otra vez volverá a llevar a su pueblo al desierto de las naciones, para entrar en juicio con Israel. Sin embargo, ese juicio no será para aniquilar a Israel; será un juicio de purificación.

Ezequiel describió también la historia de la época de los reyes. Pero si tuviera material abundante para recapitular la historia canónica salvífica, no es el caso en este período histórico. No pudo servirse de extractos de los anales; necesitaba una visión de elementos combinados que mirase esa época, no políticamente sino como una historia de Yahveh y eso no existía para ese entonces (la obra histórica deuteronomista apareció después de Ezequiel).

Como resultado y ante este caso concreto, Ezequiel se apoyó en sí mismo y recurrió a lo que todavía estaba vivo en sus recuerdos y en la conciencia de su época.

Por esta razón, nos encontramos en esta realidad muy conocida en términos de la descripción mediocre de aquella época de la que históricamente ha sido menos clara en sus perfiles que la descripción de la antigua historia salvífica.

El Profeta eligió en ambos casos, la forma de lo alegórico, aunque a menudo abandona el lenguaje de la imagen y habla directamente de los acontecimientos históricos.

En el capítulo 16, describe la historia de Jerusalén, como la de una muchacha que acaba de nacer y es abandonada, pero que más tarde, es llamada a la vida por Yahveh que pasaba por allí y va creciendo hasta que después llegó a desposarse con él, finalmente rompiendo la Alianza con el Señor por su continua infidelidad.

Esta imagen histórica también es extremadamente sombría. Aunque se piense que en ese tiempo eran especialmente conscientes de su indignidad ante Yahveh (*tú eres el más pequeño de todos los pueblos*) Deuteronomio 7:7; Ezequiel aún va más allá de todo lo que se había oído hasta ese momento.

En virtud de la agudeza con la que se describe la paradoja del acto de la elección divina: Jerusalén-Israel era como una niña abandonada, a la que se le han escatimado hasta los más mínimos y básicos cuidados; solamente Yahveh que la vio debatiéndose en su sangre, la llamó a la vida, la lavó, la confortó, la vistió y adornó.

Pero cuando ella creció, se abandonó al libertinaje. Yahveh va a citar ahora a sus amantes; estos efectuarán un juicio espantoso en contra de la que fue un día la prometida de Yahveh.

Aún más devastador es el resultado de la otra alegoría histórica, la de las dos hermanas, Aholá y Aholibá, es decir: de los dos reinos de Israel con sus capitales, Samaria y Jerusalén (Ezequiel 23).

A pesar de que, en Egipto, se comportaron torpemente como dos prostitutas, Yahveh las tomó en matrimonio y le engendraron hijos, pero no abandonaron su comportamiento lascivo. La que peor se portó fue Aholibá-Jerusalén. Pero, ahora Yahveh está también hastiado de ella y el final es como en el capítulo 16: *vendrán los amantes y ejecutarán el juicio de castigo.* [12]

Estas tres reflexiones hacia el pasado, tienen un lugar especial histórico de la percepción que Israel tenía sobre la historia. Lo tienen, debido a que incorporan a la larga serie de imágenes históricas de Israel (prescindiendo de la obra histórica del cronista) una última concepción totalmente nueva.

Es cierto que la visión de Israel de su historia nunca fue triunfalista; Israel no se transformó en su historia, sino que simplemente sostuvo los hechos de lo que el Señor había hecho por ellos, en otras palabras, se lo perdieron. Así como dice en Juan 1:11 *a lo suyo vino y los suyos no lo recibieron.*

Es por eso que nadie en Israel puso todo lo humano tan radicalmente bajo el juicio de Jehová, como Ezequiel. Difícilmente se podría decir algo más de lo que Ezequiel aludió sobre la infidelidad de Israel, sobre su endurecimiento frente al amor de Dios, sobre su incapacidad para darse cuenta del menor gesto de obediencia. Para entender correctamente todo esto, hay que ver el lugar teológico en que se sitúa ese mensaje.

Hay que recordar dos cosas: Ezequiel habla de esta manera, para fundamentar un juicio de Dios que se llevará a cabo en un futuro muy próximo. Pero, también habla así, para llamar la atención sobre un acontecimiento de salvación que ya está esbozado ante el Profeta, dirigido a favor de Israel, aunque por parte de éste no existe ni la más mínima disposición.

De este modo, Ezequiel continúa la misión de los antiguos profetas bajo nuevos aspectos; misión que es desenmascarar los pecados. Sin embargo, más que sus predecesores, intenta mostrar la tiranía de los pecados sobre los hombres.

Sus discursos históricos, tienen la intención de mostrar que no son transgresiones individuales aisladas, sino de una profunda resistencia por la obediencia, manifestada hacia Dios, desde el primer día que Israel fue llamado a la existencia. La situación en todas las épocas de la vida de Israel es siempre la misma. [13]

EZEQUIEL Y SU TIEMPO

El Profeta. Ezequiel, hijo de Buzi, provenía de una familia sacerdotal: *vino palabra de Jehová al sacerdote Ezequiel hijo de Buzi, en la tierra de los caldeos, junto al río Quebar; vino allí sobre él la mano de Jehová* (Ezequiel 1:3). Se crió en Palestina, posiblemente en Jerusalén y fue llevado al exilio en el año 597 (Ezequiel 33:21; 2 Reyes 24:11-16). [14] Probablemente, tenía unos veinticinco años en ese momento, ya que cinco años después, a los treinta (Ezequiel 1:1) [15] es llamado al oficio profético.

Ezequiel estaba felizmente casado (Ezequiel 24:16) y la muerte repentina de su esposa, anticipada por Yahveh, se usó como señal para Israel (vv. 15-24). Vivió en su propia casa en el exilio en Tel Aviv, en la ribera del Gran Canal (cf: 1.1; n^e har k^e bār, el río Quebar que sólo se encuentra en Ezequiel); la ubicación, si entendemos que el río Quebar puede identificarse con el babilónico Nāru kabari, quedaba entre Babilonia y Nipur.

Los ancianos vinieron a la casa de Ezequiel en busca de consejo (Ezequiel 8:1) lo que concuerda con la afirmación de que se encontraba entre los cautivos (Ezequiel 1:1) viviendo en una de las colonias judías que los babilónicos habían trasladado de Judá.

Ezequiel ubica ciertas revelaciones con la expresión *en el...año de la deportación* (ADe) del rey Joaquín (597=ADe 1). [16] Su llamado profético vino en el ADe 27 (571) lo que sugiere, un ministerio de por lo menos veintitrés años. Esto se debe a las visiones documentadas, a su conducta extraña en la representación de algunas profecías, a la narrativa sobre su transporte de Babilonia a Jerusalén y su regreso (8:3; 11:24) y a otros detalles.

Ezequiel ha sido llamado extático, visionario, neurótico, psicótico y esquizofrénico.[17] De hecho, su comportamiento era fuera de lo normal, pero ¿qué es lo normal acerca de un profeta sobre el cual ha caído el espíritu de Dios? Ezequiel ha sido caracterizado como sacerdote, profeta, pastor, predicador y el padre del judaísmo.

C.R. Erdman sugiere que el profeta enseñó al pueblo a cantar canciones en la noche. [18] Algunos consideran que su prosa es dolorosamente aburrida y repetitiva, [19] pero otros observan que su visión poderosa, el conjunto de imágenes atrevidas y su lenguaje conmovedor, pueden mostrarse confiadamente junto a la poesía de otros profetas. [20]

EL EXILIO

El exilio (597-538) casi coincidió en duración con el imperio babilónico (612-539). [21] Las condiciones físicas del exilio, aparentemente eran aceptables para muchos judíos. Los babilónicos no estaban empeñados en castigar a los pueblos conquistados; sólo tomaban las medidas necesarias para evitar revoluciones.

Los asirios fueron más crueles; ejercieron una política de desplazar a las personas, dividiendo y dispersando; dejando que los pueblos perdieran su identidad nacional mediante el matrimonio y otras formas de absorción. Por el contrario, los babilónicos deportaban a los pueblos en pequeños grupos y les permitían preservar sus identidades nacionales.

Por ende, los judíos pudieron regresar del exilio, mientras que las diez tribus pérdidas fueron absorbidas. Jeremías había aconsejado una política de actuar como si todo fuese normal en la cautividad (Jeremías 29:4-7) y aparentemente fue lo que hicieron los exiliados. Construyeron casas, plantaron viñedos, siguieron con sus artesanías y llegaron a gustar de su nueva existencia.

En poco tiempo, algunos judíos se embarcaron en aventuras mercantiles. Cuando llegó la oportunidad de volver a Jerusalén, muchos prefirieron permanecer en Babilonia, lo que marcó el inicio del centro judío que habría de producir el Talmud Babilónico. [22] Las condiciones religiosas eran ambiguas en el exilio.

J. Lindblom, basando sus conclusiones parcialmente sobre los exílicos agregados a las profecías preexílicas y en ese sentido, no tienen apoyo textual; aunque son esencialmente correctas, observa:

Sería un gran error deducir de las profecías de Isaías sobre el remanente o la visión de Jeremías de los buenos higos que los judíos que fueron deportados a Babilonia, eran una élite moral del pueblo judío.

Los babilónicos, no los escogieron por razones religiosas ni morales. En cuanto a la idea de Isaías del remanente, simplemente significaba que una parte del pueblo se salvaría de la ruina general y luego volvería a Yahveh. [23]

Los exiliados, no fueron purificados por el fuego y perfeccionados en la justicia en virtud de su condición; sólo los elegidos podrían dar ese testimonio. El exilio fue una época para probar ideas respecto a Dios. ¿Estaba limitado a Palestina? ¿Era impotente frente a los dioses babilónicos? ¿Podrían adorarlo en tierra extranjera? ¿Podrían seguir siendo fieles a su fe? La teología de Ezequiel era coherente con esta nueva situación. [24] La profecía se divide en tres partes:

El juicio sobre Israel (caps. 1-24)

- vocación del profeta (1:1-3:21)
- idolatría del pueblo (3:22-7:27)
- visiones de advertencia (caps. 8-11)
- parábolas y alegorías referentes al juicio (caps. 12-19)
- juicio sobre la nación (caps. 20-24)

El juicio sobre las naciones y los gentiles (caps. 25-32)

- Amón, Moab, Edom, Filistea, Tiro, Egipto

La restauración de Israel (caps. 33-48)

- el verdadero pastor (caps. 35-36)
- la tierra (caps. 35-36)
- el pueblo (caps. 37-39)
- el templo (caps. 40-43)
- la adoración (caps. 44-46)
- el río de vida, la ciudad santa, la tierra santa (caps. 47-48)
-

ALEGORÍAS Y ACCIONES

Ezequiel incluye varias alegorías: la vid (cap. 15) la esposa de Yahveh (16:1-43) el águila (17:1-21) la leona (19:1-9) el viñedo (vv. 10-14) la espada (21:1-17) Aholá y Aholibá (23:1-35) la olla que hierve (24:1-14).

La profecía también incluye varias acciones proféticas: el ladrillo con el mapa de Jerusalén (4:1-3) representaba el asedio inminente; el profeta que yace sobre su lado izquierdo por trescientos noventa días y sobre su lado derecho por cuarenta (vv. 4-8) comiendo raciones de exiliado (vv. 9-17) representaba los años de castigo para Israel y Judá respectivamente (un día por cada año, v.6).

La dieta de hambre que tendría que soportar Jerusalén; afeitarse la cabeza con una espada para luego pesar y dividir su cabello (5:1-12) representaba la pequeñez del remanente que escaparía y sólo a través del fuego; abrirse paso a través del muro con los enseres de un exiliado (12:1-12) comunicaba al pueblo que el exilio se avecinaba; trazar la trayectoria que seguiría la espada del rey de Babilonia (21:18-23) simbolizaba las posibles conclusiones: que el rey fuese guiado por falsa adivinación o que fuese obra de Yahveh.

A estos podría agregarse la señal de la muerte de la esposa de Ezequiel (24:15-24) simbolizaba que el deleite de los ojos de Yahveh también sería quitado.

La distinción entre acción simbólica y cuadro simbólico verbal es a veces difícil de establecer. No obstante, los eruditos no están completamente de acuerdo con la clasificación de acciones proféticas y alegorías. La dificultad se ve acrecentada, porque ambas formas son pocos comunes entre los profetas de Yahveh.

Algunos eruditos han intentado distinguir sus fuentes. [25] Sin embargo, no es difícil creer que en una situación escandalosa como la que vive en Jerusalén, ocupada por las fuerzas extranjeras y en la que la incredulidad difundió los medios utilizados por Ezequiel para presentar su mensaje o los que le impusieron a Yahveh, fueron diseñados para captar la atención del público y la representación gráfica que se explican por sí mismos y se recordarán durante mucho tiempo.

Hijo de hombre: este título se usa noventa veces en Ezequiel y siempre en boca de Yahveh dirigiéndose al profeta. [26] En otras partes del Antiguo Testamento, como en forma de dirigirse a alguien, sólo aparece en Daniel 8:17. [27]

La frase aparece a lo largo de Ezequiel (sólo se omite en los caps. 1, 9, 10, 18, 19, 41, 45, 46, 48) a menudo precedida de la expresión: la palabra del Señor vino a mí.

Aparece en las fórmulas de mensajero (2:3) Hijo de hombre, Yo te envío a los hijos de Israel (cf. 2:1; 3:4).

Ezequiel describe el efecto (2:2) y luego me habló, el espíritu entró en mí, me dijo mientras estaba de pie y a quien él hablaba.

Encontramos fenómenos similares a lo largo del libro y según Ezequiel, él estaba plenamente consciente de que Yahveh le comunicó las palabras o acciones precisas que debía usar.

Parece improbable que el título Hijo de hombre en Ezequiel, se comparara con el mismo título con que Jesús se designaba a sí mismo (en otros pasajes sólo Esteban lo usa en alusión a Jesús: Hechos 7:56). Es dudoso también que la expresión tenga relación con las palabras Hijo de hombre en Daniel 7:13 (arameo Keḇar 'enāš).

Por lo tanto, la sugerencia de Calvino de que Yahveh usó el título para otorgarle un cierto nivel de importancia a Ezequiel, aunque sólo era un exiliado entre exiliados, no capta el verdadero sentido de la expresión. [28] El título es más probable que se utilice, para subrayar la naturaleza humana del agente que transmite el mensaje, en contraste con la fuente divina.

Ezequiel había sido comisionado a hablar principalmente a israelitas ya exiliados (Ezequiel 3:4, 11, 15). Aun su experiencia en Jerusalén (Ezequiel 8:3; 11:24) estaba diseñada para vincularse con esta gente (Ezequiel 11:25) quienes podrían haberlo considerado, un nuevo líder religioso con un mensaje de una nueva divinidad.

Insistiendo en que recibió la palabra de Yahveh y repitiendo constantemente el título aplicado a él, disipó cualquier fundamento de esas ideas. Fue Dios mismo quien usó el mismo método que había utilizado antes del exilio: hablar con los profetas y a través de ellos.

Desde otra perspectiva, el propio Ezequiel debe permanecer consciente de que sólo es un hombre y está de pie, sólo por el poder del espíritu y habla de acuerdo a lo que Yahveh le expresa.[29] *Pon tu cara contra....* En nueve ocasiones, la fórmula del mensajero toma la forma de Hijo de hombre, pon tu cara contra. (ver 13:17).

W.H. Brownlee, sugiere que esta fórmula en cada caso, instruyó al Profeta para ir a la gente o al lugar mencionado. [30] Esta fórmula, se utiliza para comunicar mensajes a las montañas de Israel, las hijas de tu pueblo, el sur, Jerusalén, los amonitas, Sidón, el faraón rey de Egipto, el monte de Seir y Gog de la tierra de Magog.

Un estudio cuidadoso de las muchas órdenes que Ezequiel recibe de profetizar, hablar, decir, dar a conocer o levantar un lamento contra alguien, no parece indicar una característica especial respecto a estas situaciones. Tentativamente diríamos que parece simplemente una forma alternativa de la fórmula de mensajero.

En Ezequiel 3:8, Yahveh le dice a Ezequiel: he hecho tu rostro fuerte contra los rostros de ellos. El contexto indica que los oyentes se resistirán obstinadamente al mensaje. Así, la fórmula podría tener la intención de recordarle esto a Ezequiel y fortalecer su determinación de llevar a cabo la orden. [31]

Yo soy Yahveh. Esta expresión que aparece muchas veces en Ezequiel [32] puede considerarse la marca distintiva del libro. Nos recuerda el uso de la misma expresión en Levítico.

El propósito o resultado deseado en los mensajes dados a Ezequiel, a menudo se expresa en la fórmula de reconocimiento: para que tú/ellos/sepas/sepan que Yo soy Yahveh. El significado de esta verdad para los judíos exiliados y su importancia como testimonio a los vecinos paganos, son obvios.

TEOLOGÍA

Visiones de Dios. Ezequiel vio una rueda (Ezequiel 1:15) en realidad cuatro ruedas, no como las de los carros babilónicos, sino como rueda en medio de rueda (v. 16) y cuando andaban, se movían hacia sus cuatro costados; no se volvían cuando andaban (v. 17).

El aspecto de las ruedas se asemejaba al color del crisólito con aros llenos de ojos y rayos (v. 18). Adónde quiera que fueran los seres vivientes iban las ruedas. Cualquier intento artístico para representar esta visión está destinada a la frustración. [33]

Los cuatro seres vivientes tenían la forma de hombres, pero cada uno tenía cuatro caras y cuatro alas. Cada uno tenía el rostro humano adelante, la cara de un león del lado derecho, un buey del lado izquierdo y un águila del lado posterior. [34] Cada uno caminaba derecho hacia adelante; hacia a donde el espíritu les movía que anduviesen, andaban y cuando andaban no se volvían (v. 12; cf. v. 20).

Luego se movían hacia sus cuatro costados (v. 17) o corrían y se volvían a la semejanza de relámpagos (v. 14). Sobre sus cabezas tenían algo como un firmamento que brillaba como el cristal. El sonido de sus voces era como el sonido de muchas aguas, como la voz del Omnipotente.

Sobre el firmamento había algo como un trono y sobre la figura del trono había una semejanza que parecía de hombre sentado sobre él. Lo rodeaba el resplandor de un arco iris: ésta fue la visión de la semejanza de la gloria de Jehová (v. 28b; cf. 8:2; cap. 10).

Ezequiel cayó sobre su rostro ante esta visión de Dios y luego descubrió que Dios no era distante, sino muy cercano y que no era inaccesible, sino que estaba listo para dialogar. Sin embargo, la manera misma en que se dirige a Ezequiel: Hijo de hombre, le recuerda su diferencia.

La doctrina de Dios, expresada por Ezequiel con toda su riqueza e integridad, comienza para recordarnos que Dios es el Otro que es completamente distinto de nosotros y nos trasciende. Uno no se acerca a él, hasta que él le invita.

Un día Ezequiel vio que la gloria de Dios [35] se mudó de su lugar habitual entre los querubines en el lugar santísimo hacía el umbral del templo (Ezequiel 9:3) hacia la puerta oriental (Ezequiel 10:19) y finalmente desde el centro de la ciudad hacia el Monte de los Olivos al oriente (Ezequiel 11:23).

La gloria de Yahveh, había descendido para llenar el templo cuando Salomón lo dedicó (2 Crónicas 5:13) pero ahora se marchaba. La advertencia de Dios a Salomón y la nación (Ezequiel 7:19-22) ahora se torna en realidad.

Pero otro día, Yahveh llevó a Ezequiel a la puerta oriental donde vio la gloria del Dios de Israel que venía del este: y el aspecto de lo que vi era como una visión, como aquella visión que vi cuando vine para destruir la ciudad...y me postré sobre mi rostro. Y la gloria de Jehová entró en la casa por la vía de la puerta que daba al oriente. Y me alzó el Espíritu y me llevó al atrio interior; y he aquí que la gloria de Jehová llenó la casa. (Ezequiel 43:1-5).

IDOLATRÍA

El fundamento para el juicio de Dios sobre la idolatría se da en Levítico 26:14-45: pero si no oyereis, ni hiciereis todos estos mis mandamientos (v. 14; cf. vv. 21, 23, 27). Merece atención también, Deuteronomio 28:15-68; enumera las maldiciones por desobediencia.

La acusación principal es: por cuanto no serviste a Jehová tu Dios con alegría y con gozo de corazón (v. 47; cf. 8:7-18). La amenaza de otro período de cautividad como el de Egipto (Deuteronomio 28:20) se debe a la desobediencia del pueblo (v. 58).

La acusación que Ezequiel hace contra la idolatría incluye; un desafío a los falsos dioses (13:17-23). [36] Su descripción de los pecados y las idolatrías en el capítulo 16, ofende a muchos lectores y probablemente ésa era la intención, ya que la idolatría ofende a Yahveh. De hecho, es el pecado principal en la Biblia. Todo otro pecado comienza aquí. [37]

RESPONSABILIDAD PERSONAL

Jeremías tanto como Ezequiel, citan lo que probablemente era un proverbio común y corriente: los padres comieron las uvas agrias y los dientes de los hijos tienen la dentera (Jeremías 31:29; Ezequiel 18:2). Ambos rechazan esta negación de responsabilidad personal que culpa a la generación anterior por la situación actual.

Algunos sugieren equivocadamente que el concepto de responsabilidad personal, no se originó hasta fines del siglo VII. Esto sólo puede respaldarse mediante una reformulación de todo el Antiguo Testamento. El mandamiento que se aplica a los pecados de los padres idólatras a las generaciones sucesivas (20:5) no es un intento de desplazar la culpa (Éxodo 20:5).

Muy por el contrario, señala cuan peligrosos son los efectos del pecado idolátrico de una generación sobre sus hijos y los hijos de sus hijos. La preocupación que demuestra Ezequiel por el asunto, puede estudiarse en Ezequiel 3:16-21; 14:12-23; 18; 33:1-20. [38]

Ezequiel proclama el siguiente principio: el alma o persona que pecaré, esa morirá. Ilustra el principio con las situaciones de tres generaciones sucesivas (Ezequiel 18:5-9; 10-13; 14-17) cada una juzgada por sus propias obras.

Con el fin de ampliar su ilustración, describe a un hombre malvado que se convierte y es perdonado (v. 21) y a un hombre justo que se aparta de la justicia, comete iniquidad y muere por el pecado que cometió (v. 24).

Asimismo, Ezequiel muestra que un hijo no será perdonado porque su padre sea justo, ni castigado porque su padre sea malvado, pero en todos los casos recibe el castigo de sus propios pecados.

Por otro lado, es cierto que los hijos sufren por los pecados de sus padres. Una generación nacería en el exilio debido a los pecados de sus padres. Existe tal cosa como la personalidad colectiva y la comunidad creyente. El hijo de padres creyentes puede pertenecer a la comunidad sin tener plena concien- cia del hecho. Ezequiel está hablando de respons- abilidad escatológica final, ya que cada persona debepresentarse ante Dios. [39]

Hay una diversidad de opiniones con respecto al estilo profético y didáctico de Ezequiel. Su salud mental ha sido cuestionada y su metodología de co- municación no siempre es tan fácil de entender.

El estilo de Ezequiel, no es ciertamente el más común de la literatura profética, particularmente su continuo y marcado uso de imágenes literarias y vi- siones del Medio Oriente. Esa metodología era pop- ular en la comunidad exílica y producía una ex- ageración y franqueza que hacía reaccionar al oyente.

La autoridad y credibilidad del profeta fue recono- cida por su comunidad y sus líderes; en repetidas ocasiones los ancianos del pueblo le consultaban para consuelo y orientación (Ezequiel 8:1; 14:1; 20:1). Ciertamente el liderazgo judío en el exilio vio en Eze- quiel vocación y revelación profética.

En la profecía de Ezequiel, el mensaje se comunica de tres formas particulares: visiones e informes de Dios, donde el profeta es observador y participante de la revelación; actos simbólicos, donde el profeta anuncia un evento, ejecutando una dramatización visible al pueblo y oráculos proféticos, donde las metáforas y las imágenes se convierten en vehículos de comunicación del mensaje divino.

Con esa metodología dramática y pintoresca haciendo uso de las tradiciones sacerdotales del pueblo y utilizando el simbolismo babilónico, Ezequiel presenta un mensaje de juicio.

Aunque el exilio había empezado y la mano de Dios había tocado las realidades palestinas; la revelación y el llamado profético a Ezequiel, llegaron a comunicar a la gente que todavía había un juicio divino para manifestarse. La revelación que vino al Profeta, está llena de lamentaciones, ayes de dolor y amenazas (Ezequiel 2:10).

VOCACIÓN DEL PROFETA

El ministerio de este importante profeta exílico se llevó a cabo en Babilonia. Sus comentarios sobre Jerusalén y el templo, son claramente entendidos a la luz de su educación de acuerdo con las tradiciones sacerdotales en Jerusalén.

El ministerio en Babilonia, en Quebar, en la tierra de los caldeos, ubica a Ezequiel en una posición muy particular: de los grandes profetas de Israel, es el primero que recibe su llamamiento y desempeña su ministerio en el exilio, fuera de Palestina.

Sus visiones, mensajes y oráculos, tuvieron como referencia la tierra de los captores, no la tierra que fluye leche y miel. En tierras ajenas, en el medio de las realidades babilónicas; reaccionando al politeísmo; a la religión caldea y como respuesta a la necesidad de revelación profética entre los deportados; Ezequiel es llamado a ser profeta en una manifestación de la gloria de Dios.

La vocación religiosa del joven deportado fue canalizada no a través de la institución sacerdotal, sino a través del profetismo. Ezequiel recibió su comisión profética, cuando se percató que la gloria de Dios no está confinada a Palestina, ni al Templo de Jerusalén, ni al Monte de Sión; tampoco estaba cautiva en instituciones, oficios o sacrificios. La gloria del Señor, con su esplendor, imágenes, simbolismos y propósitos, llegó al campo de los deportados.

En la travesía al exilio, en el viaje de Palestina a Babilonia, en el movimiento de la libertad al cautiverio; el Señor no se había olvidado de su pueblo. En medio de sus realidades angustiosas y deplorables de la deportación, Dios demuestra nuevamente su poder y esplendor. La manifestación de la gloria del Señor es la introducción del llamamiento profético de Ezequiel.

La teofanía o manifestación de Dios que introduce la literatura profética de Ezequiel, viene en la tradición de las anteriores visiones y previos llamados proféticos (caps. 1-3). En los llamados de Isaías, Jeremías, Moisés y Micaías se puede distinguir un patrón de revelación, donde la gloria divina se manifiesta al profeta para respaldar, confirmar y comunicar su vocación.

Era una forma de comunicar que el Dios infinito se hacía realidad a través de una manifestación concreta a un ser humano.

Era una forma de reencarnación donde el profeta era invadido para lo eterno. La experiencia produjo un centro cósmico donde el infinito se unió al ser humano y la voz de Dios era entendida en categorías inteligibles.

La visión está llena de lenguaje poético. Al contemplar la visión el profeta afirma: de esta manera se me presentó la gloria del Señor (Ezequiel 1:28).

Para los babilónicos, las divinidades habitaban en una montaña misteriosa en el norte. Esa revelación, tiene su eco en la visión de nuestro profeta, aunque el relato contiene paralelos con la tradición israelita.

El Dios de Israel, ya se ha manifestado en nubes y tormentas, como en el Sinaí y ya ha sido visto en su trono celestial por Isaías (Isaías. 1-13) y Micaías (1 Reyes 22:19) y sobre una plataforma como zafiro, por los ancianos en el Sinaí (Éxodo 24:10).

La visión descrita por Ezequiel, aunque tiene una influencia exílica está elaborada en la tradición israelita que es conocida por el pueblo. La intención del profeta era decirles a los deportados que el Señor estaba con ellos en Quebar.

La palabra gloria tenía el significado de presencia de Dios en medio del pueblo. Las tradiciones antiguas la entienden cómo; una luz potente o fuego y como una nube densa protectora. Cuando se inauguró el Templo de Salomón, la gloria habitaba en el lugar Santísimo; entendiéndose que Dios mismo habitaba en ese lugar.

Era como una especie de manifestación o confirmación visible de que no estaban solos, Dios estaba con ellos. La gloria divina se había mudado a Quebar, para recordarle al pueblo que el Señor no los había abandonado permanentemente.

A la luz de esa visión, la revelación de la gloria del Señor en el exilio obtuvo una importancia primordial para el pueblo. En un momento, cuando la experiencia religiosa se confinaba a los centros religiosos y luego de la reforma de Josías, a su movimiento nacional para unificar el culto en Jerusalén (2 Reyes 23:4-20).

Los deportados se preguntaban ¿cuál debía ser el propósito y la naturaleza de la experiencia religiosa en la tierra extranjera donde otros dioses habitaron y fueron adorados?

En Babilonia, el pueblo se sentía removido de sus símbolos de fe y adoración. En el extranjero, los judíos no se entendían como una comunidad cúltica. El pueblo cautivo, no sentía la inspiración del cántico y la liturgia. Ese sentimiento cambia la perspectiva en el Salmo 137:1-4.

La visión de Ezequiel reacciona a ese cántico popular, a ese sentimiento y mentalidad derrotista. Con la gloria del Señor en medio de ellos en Babilonia, no tenían que recordar con añoranza los cultos en Jerusalén, pues el Señor mismo los acompañaba en el exilio.

La adoración no debía ser el recuerdo remoto de un tiempo pasado, sino la celebración de la presencia del Señor en tierra extranjera. La fe de la gente despertó, porque Dios no había perdido su capacidad de ganar la victoria o el poder de intervenir con los ejércitos extranjeros.

La confianza del pueblo renacía, pues si el Señor tenía la capacidad de manifestarse y revelarse en Babilonia, las posibilidades de regresar se hacían realidad. La esperanza del pueblo resucitaba, pues el Dios de Israel manifestaba su gloria en términos de sus victorias históricas y sus grandes obras.

Esos actos, estaban relacionados con la teofanía del Sinaí que a su vez eran la celebración y continuación de la liberación de Egipto. La visión que introduce la vocación del profeta y su libro de oráculos, es la palabra profética inicial que revela que <u>Dios tiene un Plan</u> con su pueblo, aún en el exilio.

La visión de la gloria del Señor es la introducción del llamamiento profético de Ezequiel. El Señor se dirige al profeta: tú, hombre, ponte de pie que te voy a hablar (Ezequiel 2:1). Desde el comienzo mismo de las revelaciones de Dios, se acentúa la fragilidad del profeta. La tensión que se introduce, no se presenta en términos de lo piadoso y lo que es pecado, ni de lo que es santo y lo inmundo.

En el relato de vocación, se puntualiza la dimensión divina en contraposición con la humana. El Señor no llama a Ezequiel por ser un deportado importante, ni por ser de una familia sacerdotal distinguida.

El relato, aunque particulariza la fragilidad del profeta, destaca que fue llamado, comisionado y enviado a profetizar a los israelitas, a la nación rebelde, a los que tienen la cabeza dura y el corazón empedernido. Ezequiel es llamado y enviado a comunicar la palabra del Señor, sea que quieran escuchar o no, para que se sepa que hay profeta en medio de ellos.

El Señor le comunica al profeta, la importancia de la palabra divina en medio de los deportados. La respuesta de los deportados a esa revelación, no debe afectar la actitud del profeta, pues son casa rebelde.

MENSAJE DE JUICIO

Ezequiel fue comisionado a predicar a toda la casa de Israel, aunque su audiencia inmediata era la comunidad exílica en Quebar. En su palabra profética, se anuncia el juicio a Jerusalén e Israel; pregona la inminencia del fin que llega desde los cuatro extremos de la tierra; revela el juicio a los falsos profetas que siguen su propia inspiración; predica contra la idolatría y profetiza el juicio contra las naciones vecinas.

Ezequiel fue comisionado por el Señor en el año 594, para continuar el mensaje de juicio al pueblo y anunciar cuando la gloria de Dios abandonaría el Templo. Su mensaje fue claro y específico, todavía el Señor no había terminado con el pueblo.

En su revelación inicial con un simbolismo similar al usado por Jeremías, se le invita a comer un rollo. Ese acto, revela las actitudes del pueblo que produjeron la primera deportación y que preparaban el camino para una segunda deportación y un juicio más severo.

El mensaje de juicio en Ezequiel debió haber continuado hasta la destrucción de Jerusalén y del Templo en el año 587 a.C. Luego de interpretar una destrucción tan absoluta y dolorosa, un líder con conciencia sacerdotal como Ezequiel, transformó el mensaje de juicio en esperanza y reconstrucción.

Luego de la catástrofe de la segunda deportación en el año 587, Ezequiel posiblemente entendió que el pueblo no necesitaba más palabras de juicio, pero sí un mensaje de ánimo, esperanza, regreso, reconstrucción y resurrección.

Es por eso que, entre la palabra de juicio del Profeta, el tema de la esperanza ya estaba siendo anunciada. En el capítulo 20, en el contexto de la evaluación histórica de Israel, se habla de un nuevo éxodo; de un regresar a la tierra y al santo monte del Señor (Ezequiel 20:40).

En ese mensaje profético que tiene una serie de paralelismos con la profecía de Jeremías, la historia Deuteronomista, el escritor sacerdotal y el juicio de Dios; es visto como un proceso purificador que culminará en una experiencia de revelación universal: el Señor se mostrará santo a las naciones a través del testimonio del pueblo.

Según el profeta, el juicio de Dios al pueblo tenía un propósito final: producir cambios, transformación y la conversión del corazón (Ezequiel 11:19-20).

Según la teología de Ezequiel, el juicio venía para la transformación del pueblo. Se requería un espíritu nuevo, un corazón de carne y un caminar según las leyes y decretos del Señor. Esa transformación producirá que Israel sea el pueblo del Señor y el Señor, Dios de Israel.

CENTINELA Y ATALAYA

La conclusión del relato de vocación de Ezequiel culmina con un nuevo llamado al profeta. Probablemente, luego de la segunda deportación (587) el profeta recibió una nueva encomienda y revelación del Señor.

El profeta es llamado a ser Centinela y Atalaya del pueblo. Se exige del profeta, una nueva labor, un nuevo ministerio y una nueva función. Su responsabilidad, no sólo consistía en anunciar la revelación divina y comunicar el oráculo del Señor, sino que debía preocuparse porque el pueblo escuchará y reaccionará a la voz de advertencia.

Ezequiel debía cerciorarse que la comunidad estuviera consciente de las exigencias del Señor. Su misión no era una comunicación impersonal al pueblo, sino una palabra directa que debía tomar en consideración las reacciones del pueblo. Una vez que el pueblo entendiera el mensaje del Señor, su misión concluiría.

El relato de vocación de Centinela y Atalaya está posiblemente relacionado con el capítulo 33:1-20, donde se introduce el mensaje de esperanza del profeta. Probablemente, luego de la caída de Jerusalén en el año 587, Ezequiel entendió su vocación como la de un pastor del pueblo exílico.

Se suponía que debía reinterpretar las antiguas tradiciones israelitas a la luz de las nuevas realidades, comunicar la palabra del Señor, guiar y orientar a la gente en el proceso sabio y oportuno de la toma de decisiones.

Ese pastor exílico tenía la responsabilidad de advertir al pueblo sobre el juicio y la esperanza. Además, debía apelar a los sentimientos del pueblo concerniente a la revelación de Dios.

El redactor final del libro colocó estas dos narrativas vocacionales de una manera paralela, introducidos por la misma visión de la gloria del Señor (cap. 1) con la intención de ubicar el doble ministerio profético de Ezequiel con la misma autoridad y credencial.

Para Ezequiel, la justicia es la clave de la vida y la salvación. Esa justicia debe manifestarse en niveles éticos, morales, sociales, jurídicos y religiosos. La justicia de acuerdo con el profeta, no es un ejercicio académico y abstracto, sin la implantación de un estilo de vida que comunique; los valores y la intención divina en todos los niveles de la existencia humana.

El texto que tiene la influencia del círculo sacerdotal y del código de Santidad (Levítico 17-26) introduce
la voluntad divina para con el pueblo: el Señor juz-
gará a cada cual según su proceder y exige una transformación radical.

Esa transformación, le debe separar de todos sus
delitos y pecados para eliminar la culpa. Por otra
parte, es el acto de ruptura radical con las acciones,
actitudes y decisiones que no revelan la naturaleza
santa del Señor. El paralelo con la tradición sacerdotal, evoca en el pueblo los niveles de santidad recla-
mados por el Señor.

El texto termina con el reclamo: Apártense del mal
y vivirán (Ezequiel 18:32). La vida y la conversión, en
la teología del profeta, están unidas. El Señor recla-
ma la conversión del pueblo que producirá vida; a su
vez, la conversión aumenta la esperanza en el pueblo.

El Señor no está interesado en la destrucción y
la muerte del pueblo, lo que está buscando es el
camino de la transformación; es decir, cambios radi-
cales en el comportamiento, descritos como un nuevo corazón y un nuevo espíritu que terminan en un
acto de justicia divina.

MENSAJE DE ESPERANZA

El mensaje de esperanza en el libro de Ezequiel se
destaca en el capítulo 33. En el mismo capítulo, el

tema del Profeta como Centinela y Atalaya es revelado al mismo tiempo que se desarrolla el tema de la transformación. El texto intenta realzar la importancia del profeta para la salvación del pueblo, al mismo tiempo que acentúa la necesidad de la conversión para la vida.

A la pregunta exílica existencial ¿cómo podremos vivir? (Ezequiel 33:10) llega la respuesta profética: pero Yo, el Señor, juro por mi vida que no quiero la muerte del malvado, sino que cambie de conducta para que viva. Israel, deja esa mala vida que llevas (Ezequiel 33:11). Ante la preocupación existencial, llegó la revelación eternal: la conversión es el único camino de esperanza.

La esperanza en la profecía de Ezequiel, aumenta niveles insospechados en el relato famoso del *valle de los huesos secos* (cap. 37). En la revelación, el profeta es llevado en el espíritu a un valle. Utilizando una metodología que funde visión, parábola y acción, el profeta es llevado al lugar donde la revelación ha de llevarse a cabo.

La atmósfera de la desesperación total, se observa en la pregunta que se hace al Profeta que ciertamente debería haber estado en la mente del pueblo: ¿Crees que estos huesos pueden volver a la vida? (Ezequiel 37:3).

El ambiente de muerte y desesperanza se acentúa cuando se cita al pueblo; nuestros huesos están secos; no tenemos ninguna esperanza; estamos perdidos (Ezequiel 37:11). El cuadro descrito en el capítulo 37, es horripilante: destrucción, desespero y muerte.

De igual manera, el ambiente de crisis absoluta se enfatiza: una de las mayores desventuras humanas de acuerdo con la convicción popular de la época era no recibir una sepultura adecuada al morir. Ese ambiente de muerte, fue el marco de referencia del mensaje de resurrección de Ezequiel.

La historia presenta, la conversación entre el Señor y el Profeta en torno al futuro de la comunidad exílica. Rodeado de una gran imaginación profética, el texto se comunica de manera clara y contundente que el Señor intervendrá y cambiará el futuro del pueblo: la muerte va a ser transformada en resurrección y vida.

Los diez primeros versículos de Ezequiel capítulo 37, hacen un recuento de la revelación y se interpretan en los vv. 11-14. Todos esos huesos sin cuerpo, sin espíritu, sin futuro y sin esperanza es la casa de Israel.

Esos huesos que representan la comunidad de deportados, van a ser el objeto de un acto salvador y liberador. El Señor va a hacer entrar espíritu en ellos, los cubrirá de carne y piel, los hará vivir y los convertirá en un gran ejército.

El texto mueve al lector de un ambiente de muerte y desolación, a un ambiente de vida y esperanza; de un cementerio o campo de batalla, a la inspección de un ejército poderoso.

Esos huesos que representan a toda la casa de Israel; cobrarán vida, serán resucitados para ser llevados nuevamente a la tierra de Palestina. El espíritu vendrá para que la gente pueda vivir y asentarse de nuevo en tierra Palestina.

El acto salvífico se hará una realidad para transformar el dolor del exilio. La esperanza en la visión del valle de los huesos secos cobró una nueva dimensión.

El Profeta se comunica con la comunidad exílica, dejándole saber que a pesar de que Nabucodonosor los lleva cautivos a Babilonia; el templo es destruido, Jerusalén está en manos extranjeras, el rey del linaje de David es exiliado y el pueblo llora sus penurias sobre el río; el Señor tiene la capacidad y la voluntad de intervenir de una manera especial y no sólo los librará de sus opresores, sino que les devolverá la tierra de Israel.

La experiencia descrita en Ezequiel 37, es como una nueva creación y un nuevo éxodo. El pueblo, debería de ver en la revelación la esperanza de un nuevo comienzo. La comunidad exílica debía interpretar la revelación como el anuncio de un nuevo éxodo; una nueva liberación.

La esperanza en este texto se convierte en una experiencia que puede describirse y caracterizarse como: un nuevo momento de creación nacional o restablecimiento del orden y una nueva experiencia de regresar a la tierra de los padres.

El futuro gobierno fundirá el nivel administrativo con el religioso y el político con el sacerdotal. La imagen pastoral es particularmente desarrollada en el capítulo 34; el pastor modelo es Dios, quien cuida y vela por su rebaño.

El texto afirma, Yo el Señor, digo; Yo mismo voy a encargarme del cuidado de mi rebaño. Como el pastor que se preocupa por sus ovejas cuando están dispersas, así me preocuparé yo de mis ovejas; las rescataré de los lugares por dónde se dispersaron en un día oscuro y de tormenta. Las sacaré de los países extranjeros, las reuniré y las llevaré a su propia tierra. Las llevaré a comer a los montes de Israel, y por los arroyos, y por todos los lugares habitados del país (Ezequiel 34:11-13).

De acuerdo al mensaje del libro de Ezequiel, el final del exilio era regresar a la tierra. El regreso a las montañas y a Israel era el fin de la deportación. La parte final del libro de Ezequiel (caps. 40-48) responde a la inquietud y educación sacerdotal del profeta.

Toda esa sección relata la revelación de Dios que movió al profeta a un monte alto en la tierra de Israel, para ver y comunicar al pueblo las especificaciones del nuevo culto, el nuevo líder, la nueva división de la tierra y particularmente, el nuevo templo.

Un regresar a la tierra con una nueva creación y un nuevo éxodo como lo relata el profeta, requería un nuevo templo. Los recuerdos del templo destruido de Salomón, la suspensión del culto, los sacrificios en Jerusalén y el regreso a la tierra, tenían impli- caciones de liberación que le daban a la comunidad judía razón de ser, si se restablecían las institucionesnacionales.

Según el libro de Ezequiel, el regreso a la tierra de- bía estar unido a un nuevo templo y un nuevo estilo de culto. El Éxodo nuevo debía producir un pueblo nuevo que evitara las actitudes preexílicas que pro- dujeron la destrucción, la deportación y el exilio.

Luego de preparar al pueblo y darle orientación teológica para vivir con sentido de dirección y es- peranza en el exilio, debía presentarse una palabra profética de consolación que fomentara y orientara el regreso a Palestina.

Esa palabra, debía incentivar la búsqueda de nuevos significados en los símbolos nacionales an- tiguos. Ese mensaje profético, debía contribuir al de- scubrimiento de un sentir religioso nuevo de la his- toria y los símbolos patrióticos.

Además, a la luz de la angustia exílica, debía retar al pueblo y a sus líderes a reevaluar la experiencia de ese regreso.

El mensaje final del libro de Ezequiel responde a esos reclamos. La visión del capítulo 40, se presenta con la finalidad de establecer unos nuevos niveles religiosos y cúlticos en el pueblo.

La metodología utilizada es común en el libro: se proporciona una fecha para el oráculo, la mano del Señor fue sobre el profeta, lo movió al lugar de la revelación y la visión se convierte en drama, el profeta es solo un participante.

La visión ubica al profeta en la tierra de Israel, en un monte muy alto, frente a un hombre de aspecto semejante al bronce, para contemplar el templo del Señor.

La visión brinda una serie de detalles y medidas de la estructura, sólo para presentar su objetivo y propósito: la gloria del Señor regresaba al templo. El hombre me llevó a la puerta oriental y vi que la gloria del Dios de Israel venía del oriente. Se oía un ruido muy fuerte, como el de un río caudaloso y la tierra se llenó de luz.

La visión era como la que yo tuve cuando el Señor vino a destruir a Jerusalén y como la que tuve junto al río Quebar. Me incliné hasta tocar suelo con la frente y la gloria del Señor entró al templo por la puerta oriental (Ezequiel 43:1-4).

La visión tiene una importancia suprema para el tema de la esperanza en la profecía de Ezequiel. La misma gloria divina que el profeta ve llegar a Babilonia, al campo de deportados; la misma gloria que el profeta ve salir del templo de Jerusalén en visión, es la que ahora contempla regresar al templo. La gloria del Señor que abandonó el templo y acompañó al pueblo durante el exilio, regresa a Palestina, reclamando el regreso del pueblo.

La gloria divina que les dio sentido de confianza, orientación, unidad y oportunidad cúltica en Babilonia, regresaba a su lugar de origen y permanecía: el templo de Jerusalén.

La gloria de Dios en Palestina, era símbolo de una nueva interpretación de la existencia humana que toma en consideración, la experiencia del exilio y la incorpora a las nuevas vivencias en Jerusalén.

En la experiencia del regresar, el culto debía tener una función especial. Con el objetivo de afirmar y mantener la santidad y la pureza cúltica, se requiere una reorganización de los sacerdotes y el resto de los funcionarios religiosos.

El objetivo final, es ser guías y maestros del pueblo. Ezequiel 44:23-24, los sacerdotes deben enseñar a mi pueblo a distinguir entre lo que es santo y lo que es profano, entre lo puro y lo impuro.

En los pleitos, ellos actuarán como jueces y juzgarán según mis leyes. Cumplirán todas mis leyes y ordenanzas acerca de todas mis fiestas y respetarán como días sagrados mis días de reposo.

En la época postexílica, el nuevo líder religioso será educador, sacerdote y juez. Igualmente, debe celebrar los festivales históricos del pueblo. El nuevo líder debe ser una figura dinámica que estimule a que se mantenga en el pueblo la pureza cúltica; debe distinguir entre lo que es santo y lo que es profano.

Ese líder debe fomentar la implementación de la justicia en la comunidad. De igual modo, debe ser un factor de unidad y continuidad histórica entre el pueblo exílico y el preexílico, a través de la celebración de las fiestas solemnes. El nuevo líder religioso servirá en un nuevo templo, luego de una nueva creación, cuando se haya experimentado un nuevo éxodo.

La visión final del libro de Ezequiel, culmina con la redistribución y reorganización de la tierra y la presentación del nuevo líder político del pueblo. El regreso a Palestina, será testigo de una idealización y espiritualidad de la tierra que trata de eliminar las dificultades entre los diferentes sectores del pueblo y que conduce hacia la unidad nacional.

La redistribución, ignora las irregularidades geográficas de Palestina en un intento de encontrar una división equitativa y justa. Posiblemente, esa redistribución es una respuesta exílica a la mala distribución de las tierras; esa mala distribución de las riquezas fomentó la injusticia y opresión del pobre en el período preexílico.

El nuevo líder político postexílico recibirá tierras en comunidades levíticas y sacerdotales, tendrá un ingreso definido, no podrá violar el territorio ajeno, participará de forma prominente en el culto, pero como parte de la comunidad y no poseerá funciones sacerdotales (Ezequiel 45:7-17).

Con la experiencia preexílica en mente, el texto del libro de Ezequiel presenta al nuevo gobernante del pueblo sin la capacidad de ubicarse sobre la ley y la justicia.

El nuevo liderato nacional, no puede ser un agente de opresión que fomente la injusticia, sino que será un Israel que ha sido renovado. Su figura debe representar el fin del liderato político opresor. Yo, el Señor, digo: ¡Basta ya, gobernantes de Israel! ¡No más explotación! ¡Actúen con justicia y rectitud! ¡Dejen de robarle tierras a mi pueblo! Yo, el Señor, lo ordeno. (Ezequiel 45:9).

En el nuevo estado de cosas y la nueva administración postexílica, el gobernante no oprimirá ni hará violencia contra el pueblo. Un nuevo éxodo, una nueva creación, un nuevo pueblo restaurado, una nueva división de las tierras, un nuevo liderato religioso, un nuevo templo y un nuevo culto, requieren la presencia de un nuevo líder nacional.

Ese líder no debe seguir la tradición antigua de injusticia; debe estar orientado hacia la justicia y la igualdad.

Si el juicio vino al pueblo por causa de sus pecados cúlticos y sociales, se requería, en el período postexílico, un líder que garantizara la eliminación de las causas y orígenes de tales acciones. Si el juicio llegó como respuesta divina a la injusticia, el nuevo líder debía ser ejemplo del compromiso de Dios con la justicia.

La visión final del libro de Ezequiel, le decía al liderato restaurado de Israel y a la comunidad exílica que no temieran regresar de nuevo a la tierra. Una intervención divina producirá un nuevo ambiente que transformará la realidad cúltica, social, comercial y política, para que se reconozca públicamente que el nombre de la ciudad será: El Señor está aquí (Ezequiel 48:35).

La culminación del proceso que comenzó con la destrucción de Jerusalén y el templo, será el reconocimiento general de que el Señor nuevamente está con el pueblo.

El mensaje de Ezequiel al pueblo desde su relato de vocación hasta la caída de Jerusalén fue de juicio y destrucción. Ese mensaje que también contenía palabras cautelosas de restauración, se desarrolló luego de la catástrofe del año 587, en un mensaje firme de esperanza.

Para Ezequiel, Dios no había culminado con el pueblo luego de la victoria de Babilonia; el Señor había permitido el dolor exílico, como el preámbulo de una restauración nacional. Esa restauración debía afectar todos los niveles de la existencia nacional.

La palabra de Ezequiel venía para levantar el ánimo de los que habían sido deportados; recordarles la importancia de la fidelidad y la unidad; pastorear al pueblo y a sus líderes; presentar los retos y las realidades de la restauración.

Ezequiel interpretó el exilio como un acto divino que produciría una nueva comunidad religiosa y nacional. De acuerdo con el profeta, el viaje a Quebar fue de preparación.

La culminación será, un nuevo templo con sus funcionarios y sus implicaciones cúlticas; una nueva visión de la tierra con sus implicaciones de equidad, justicia y unidad; un nuevo líder político y administrativo que será un agente de justicia, paz e igualdad.

El mensaje que llegaba al oído de una comunidad de desposeídos hacía resucitar la esperanza. Según el profeta, la esperanza no era la posibilidad remota en el futuro, sino la realidad que llegaba al terminar el exilio.

Esa esperanza para nuestro profeta, llegaba al pueblo como respuesta a sus mensajes de regreso y restauración nacional. Era un elemento indispensable para que se continuara escuchando el mensaje profético.

En términos del porvenir positivo era para que se entendiera la realidad inmediata, mantener el pueblo unido y anhelante, prepararlos para la reconstrucción y realización del futuro. [40]

Capítulo II

DEFINICIONES

Justicia - para nosotros la justicia puede ser una idea abstracta. La justicia es algo que los legisladores y los jueces buscan y establecen en los tribunales. En el Antiguo Testamento, la justicia incluye la preocupación por la conducta; por sobre todas las cosas, la justicia no es algo para debatir, sino algo para hacer.

Los jefes del antiguo Israel no fueron jueces modernos en el sentido legal: fueron unos dirigentes de su pueblo que procuraban hacer algo para enderezar las cosas que estaban mal. En realidad, la palabra hebrea que suele traducirse por justicia tiene un sentido mucho más amplio.

Se refiere a todo lo que un gobernante puede hacer para garantizar que su pueblo goce de una vida estable y satisfactoria. Es por eso que Dios es un gobernante justo: él mejora la calidad de vida de su pueblo (Deuteronomio 32:4; Isaías 5:16; 61:8).

Misericordia - cuando se utiliza esa palabra para definir a Dios, es para señalar que él trata con los hombres de un modo amistoso y personal. La justicia de Dios no está determinada por las exigencias estrictas de un sistema legal: el actúa siempre en un contexto de amor y confianza personal.

Los relatos del Antiguo Testamento demuestran cómo contra todas las expectativas, Dios inicia relaciones con la humanidad, los seres débiles por naturaleza y generalmente de poca capacidad moral y espiritual. Dios nunca los abandona.

Por el contrario, él está a su lado para ayudarlos en su debilidad y nunca los rechazará a pesar de su ineptitud e imperfección. Por ejemplo, ¿cómo voy a dejarte abandonado, Efraín? ¿Cómo no te voy a rescatar, Israel? Mi corazón no te dejará. Es demasiado grande mi amor por ti. Porque yo soy Dios y no hombre. Yo, el Santo, estoy contigo. No me mostraré airado. (Oseas 11:8-9).

Verdad - este término solemos concebirlo de un modo abstracto. No obstante, en el Antiguo Testamento la verdad es una responsabilidad personal. Cuando José, sin darse a conocer arresta a sus hermanos, lo hacía para comprobar si la verdad estaba en ellos y para ver si todavía podía confiar en ellos (Génesis 42:16).

En el mundo veterotestamentario, los dioses no eran fiables. Hacían lo que les gustaba y las consecuencias tenían que pagarlas sus adoradores. Sin embargo, el Dios del Antiguo Testamento es totalmente distinto.

Es digno de plena confianza y gracias a la fidelidad de Dios, su pueblo puede abogar por su propio destino: Mi corazón está confiado en ti, oh Dios; ¡con razón puedo cantar tus alabanzas con toda el alma! Pues tu amor inagotable es más alto que los cielos; tu fidelidad alcanza las nubes. (Salmos 108:1-4).

En estos tres aspectos, el pueblo de Dios está llamado a imitarle. Seguir su ejemplo no consiste en creer ciertas cosas sobre Dios, sino que es preciso comportarse como él. [41]

ADMINISTRACIÓN DE JUSTICIA

El pueblo de Israel, rodeaba de honor y respeto la ley; los judíos ortodoxos han mantenido esta actitud a través de las generaciones, pero:

¿Qué clase de estructuras legales existían en el antiguo Israel? ¿Cómo se pusieron en práctica estas leyes?

Es muy compleja la respuesta, porque la sociedad israelita, experimentó una serie de cambios profundos en el curso de los acontecimientos reseñados en el Antiguo Testamento.

En la época de los jueces, la vida de las tribus fue social y políticamente muy distinta de la vida en la monarquía de David y Salomón. La situación cambió de nuevo, tras la división del reino y posteriormente tuvo lugar la extinción del reino septentrional de Israel.

El cambio de circunstancias llevó inevitablemente a los cambios en las instituciones nacionales y la administración de la ley varía de un siglo a otro, en el curso de los relatos veterotestamentarios.

Pero, los textos hablan de individuos concretos en relación con la administración de la justicia y la consideración de sus funciones, lo cual nos ayudará a comprender algunos aspectos de este tema complejo.

LOS ANCIANOS

La sociedad israelita siempre se comportó como un gran grupo familiar. La cabeza de familia, ejercía la jurisdicción sobre los parientes y asuntos domésticos. Los ancianos de la ciudad o aldea, eran precisamente las cabezas de las diversas familias.

El código deuteronómico hace mención a ellos muy específicamente, en su actuación como tribunal normal donde podían solventarse las querellas de tipo legal (Deuteronomio 19:12; 21:1-9, 19-21; 22:13-21; 25:5-10).

Todo indica que ésta fue la audiencia principal durante toda la historia de Israel. Los ancianos se reunían a la entrada de la ciudad que era el lugar habitual para debatir los asuntos importantes de la comunidad (Génesis 23:10-18; Job 29:7-10).

No tenían fiscal público y el demandante presentaba el caso personalmente contra el acusado. Algunos pasajes del Antiguo Testamento sugieren que pudo haber un abogado oficial de la persona acusada (Salmos 109:31). Tanto la acusación como la defensa aducía testimonios a favor de sus posiciones respectivas (Éxodo 22:13; Deuteronomio 22:13-17).

Las acusaciones y las pruebas eran presentadas por lo general verbalmente, aunque podían hacerse declaraciones escritas (Job 31:35-36). Los ancianos, escuchaban sentados durante el juicio y se levantaban para pronunciar el veredicto. Si hubiera una sanción, los ancianos la imponían y generalmente la hacían ejecutar en el mismo momento (Deuteronomio 22:13-21).

Todo este procedimiento indica que la mayor parte de los casos, eran sustancialmente querellas civiles entre ciudadanos. Los ancianos de la ciudad, llevaban a cabo su trabajo en presencia del pueblo, dejando así constancia de que se hacía justicia. El episodio del libro de Rut, ilustra muy bien cómo se actuaba en la práctica (Rut 4:1-12).

La corrupción de estos tribunales locales es un problema de suma importancia para los profetas (Amós 5:10-15). Era muy fácil para los ancianos locales, dejarse llevar de sus propios prejuicios o acceder a los deseos de un rey que tenía la intención de actuar inconstitucional.

La historia de Nabot sobre el juicio y la ejecución, es un ejemplo de cómo los poderosos podrían transformar todo el sistema para su beneficio. (1 Reyes 21:1-16). Aunque los testimonios falsos, podían ser objeto de penas severas (Deuteronomio 19:15-20) esto no parece haber evitado el perjurio y hay pruebas claras de que la justicia a las puertas de la ciudad, se ejercía a veces en forma dudosa y apresurada.

LOS JUECES

Además de los tribunales de ancianos, el Antiguo Testamento menciona también a los jueces profesionales (Deuteronomio 16:18-20; 19:16-18). Las leyes del Deuteronomio, parecen indicar la existencia de un sistema de jueces locales con un tribunal de apelación en Jerusalén (Deuteronomio 17:8-13).

Albrech Alt, estima que el juez profesional era importante, incluso en los primeros tiempos de la sociedad israelita. Él lo equipará con los jueces menores (Jueces 10:1-5; 12:8-15) y presume que la ley que administraba, era la ley casuística contenida en el libro de la Alianza.

Martin Noth, presume esta hipótesis en su teoría, según la cual el Israel primitivo, estaba organizado en una anfictionía tribal, donde estos jueces menores, pasaron a ser guardianes de la teología aliancista que unificaba a las diversas tribus.

La opinión aparece analizada en El Antiguo Testamento, Los Relatos, 64-66, pero la dificultad principal estriba, en que ni Alt ni Noth han sido capaces de aportar pruebas evidentes para defenderla.

Otros, han sostenido que los jueces profesionales fueron un fenómeno tardío, quizás surgido en el reino meridional de Judá con las reformas políticas y religiosas de Josafat (875-851 a.C.) 2 Crónicas 19:4-11, supone que el rey, desempeñó un papel importante en la promulgación y el mantenimiento de las leyes y que cuando Josafat creó un sistema legal de jueces profesionales, no hizo sino formalizar un estado de cosas que existía desde hace mucho tiempo atrás.

EL REY

El rey desempeñaba sin duda, un papel importante en los asuntos legales de su pueblo. Todos los códigos del antiguo Medio Oriente que conocemos, están ligados a los reyes, aunque muchas veces, la función de estos se limitaba a la clasificación de procedimientos usuales más que a la promulgación de la ley.

Puesto que las leyes de un Estado eran una parte vital de su propia estructura, era decisivo que el Rey interviniera en ellos para mantener su posición. Aunque, el Antiguo Testamento no ofrece datos concretos que hagan suponer que los reyes de Israel ni de Judá, actuasen de este modo.

Quizá, Josías tuvo que ver más con la publicación de una ley (2 Reyes 23:1-3) pero el relato deja en claro que él actuó como intermediario, en una ceremonia de renovación de la Alianza entre Dios y el pueblo, renovación idéntica en muchos aspectos a la que había hecho Moisés (Éxodo 24:3-8) y Josué (24:1-28) y posteriormente haría Esdras (Nehemías 8:1-12).

Cuando el Antiguo Testamento explica la función del rey, no menciona la promulgación de leyes y el rey mismo declaraba firmemente someterse a la ley de la Alianza (1 Samuel 9:10-18; Deuteronomio 17:14-20).

Algunos investigadores sugieren que esto refleja los ideales de la realeza veterotestamentaria, pero no responde tanto a lo que ocurría en la práctica. Sin embargo, los incidentes en que el rey desvía el curso normal de la justicia, parecen la excepción y no la regla en la historia veterotestamentaria.

No hay constancia que el rey controlase verdaderamente el proceso legal, a menos que estemos dispuestos a considerar casi toda la historia deuteronomista como escasamente fiable y poco digna de crédito.

Esto no significa que los reyes nunca intervinieron en los códigos legales como parte de su función. Sin dudas, Josías estaba comprometido en la restauración de las leyes del Deuteronomio (cf. El Antiguo Testamento. Los Relatos, 130-132).

Esto constituye también, una buena razón para presumir que el libro de la Alianza pudo haber sido revisado y promulgado en la época de David y Salomón, como una especie de constitución para su reino.

Pero esto no lo convertía en ley estatal, porque fue apoyado definitivamente por una interpretación religiosa de la vida de la nación. Es fácil hacer notar que cuando los reyes se dedicaron a promocionar la ley, actuaban a un nivel religioso más que político.

Consta asimismo que los reyes ejercieron una función judicial. La realeza misma tuvo su origen, al parecer, dentro de la estructura general de la vida familiar y tribal (1 Samuel 8:4-5).

En éste contexto, el rey sería automáticamente uno de los ancianos de la gran familia de Israel. Como tal, participaría en la administración de la justicia, probablemente actuando como un tribunal supremo de apelación (2 Samuel 12:1-6; 14:1-11; 1 Reyes 3:16-28; 7:7).

LOS SACERDOTES

El Deuteronomio establece una conexión entre los jueces y los sacerdotes cuando determina que el tribunal de apelación de Jerusalén, está compuesto de sacerdotes y jueces que funcionaban según parece, en turnos rotatorios (Deuteronomio 17:8-12). Los sacerdotes y los jueces aparecen mencionados juntos en otros lugares del Antiguo Testamento (Deuteronomio 19:17; 2 Reyes 19:8-11).

En otros estados del antiguo Medio Oriente, era frecuente que los sacerdotes ejercieran funciones judiciales. En Israel, la conexión entre la ley y la religión aliancista, hacía inevitable que los sacerdotes estuvieran involucrados en la interpretación y aplicación de la ley.

Es indudable que estas funciones sacerdotales, derivaban de un período muy temprano de la historia veterotestamentaria. Al margen del significado de los jueces menores, caben pocas dudas de que éstos, al igual que los jueces mayores, ejercieron tanto una función religiosa como una función política y social.

Samuel, quien aparece como su sucesor, fue fundamentalmente un sacerdote que ejercía en los santuarios de Betel, Gilgal y Mispá, pero sus agendas tradicionales en estos centros de culto, fueron lo que llamamos funciones judiciales (1 Samuel 7:16).

La función judicial concreta del sacerdote, no consta con claridad en el Antiguo Testamento. Se sabe que los sacerdotes gobernaban sobre los asuntos religiosos (Levítico 10:10; 13:1-14, 57).

Hay también indicios de que pudieron actuar en un contexto legal más amplio (Levítico 10:10-11; Deuteronomio 21:5; Ezequiel 44:24) aunque aparte de los relatos de Samuel, no hay pruebas en este sentido. Su función más frecuente, era la de guardianes en el tribunal supremo de apelación: Dios mismo.

La ley permitía que se pudiera apelar a Dios como juez supremo en los casos en que un tribunal ordinario no pronunciaba el veredicto. Su voluntad fue probablemente determinada, ya sea por las actuaciones de los juramentos judiciales (Éxodo 22:6-13) o por echar suerte, a veces junto con la manipulación de los Urim y Tumim (piedras sagradas o dados sagrados) por los sacerdotes (Oseas 7:1-19; 1 Samuel 14:41-43).

INDIVIDUO Y COMUNIDAD

La fe del Antiguo Testamento atribuye gran importancia a los grupos: la familia, el clan, la tribu y finalmente la nación, todos ellos son de suprema relevancia en el nivel religioso y moral. La Alianza en sí, es una relación entre Dios y todo el pueblo de Israel; la salvación y la condenación son experiencias colectivas.

Los procesos de justicia implican también esta solidaridad colectiva. Cuando Acán robó algunos bienes
consagrados de la ciudad cananea de Jericó, toda su
familia y todos sus bienes fueron sacrificados (Josué
7:1-26).

Algunos pasajes parecen elevar esta tendencia a
principios generales: los hijos serán siempre casti-
gados por los pecados de sus padres (Éxodo 20:5;
Deuteronomio 5:9). Como tema de experiencia
común, el principio enseña que cualquier generación
inevitablemente comparte la herencia del pasado.

El Antiguo Testamento establece una conexión entre el pasado y el presente, entre el individuo y la comunidad. Los profetas reclaman también la responsabilidad colectiva, condenando a toda la nación por
los pecados de algunos de sus miembros (Amós
3:12-15; 5:16-24).

Este énfasis fue quizás inevitable en una religión
que estaba anclada en los acontecimientos de la historia. Sólo si el éxodo era relevante para las sigu-
ientes generaciones, se suponía que se identificaran
de cierta manera con la experiencia de sus antepasados. Cuando se reunían para celebrar el culto en
los santuarios, solían hacer precisamente eso
(Deuteronomio 26:5-10).

La misma conexión entre la experiencia de un individuo y el estado de la comunidad, se detecta en algunos Salmos. Pero, el mejor ejemplo de esto es en

los pasajes concernientes al siervo afligido. Porque aquí, esta persona individual representa a la comunidad y al mismo tiempo reconoce su verdadero destino en su propia experiencia espiritual (Isaías 42:1-4; 49:1-6; 50:4-9; 52:13-53).

Este concepto a veces se ha definido como una personalidad colectiva y se ha asumido que el Antiguo Testamento, ofrece una manera única y peculiar de considerar a los hombres y sus relaciones mutuas.

En esta perspectiva, la idea de responsabilidad personal, sólo llega al Antiguo Testamento en una etapa relativamente tardía, cuando el grupo corre el riesgo de desaparecer como una entidad nacional reconocible.

Es cierto que Jeremías (31:29-30) y Ezequiel (18:4-20) hacen constar que cada persona es responsable ante Dios, pero no niegan realmente la postura tradicional veterotestamentaria.

En su época, el pueblo culpaba de sus problemas a las generaciones pasadas. En respuesta a esto, Jeremías y Ezequiel afirmaron que el problema no era tan simple, ya que cada individuo debe aceptar parte de la responsabilidad del estado en el que se encuentra la sociedad.

En cualquier caso, es evidente que los individuos estaban convencidos de su responsabilidad moral y espiritual, mucho antes de aquella época:

- Las partes primitivas del Antiguo Testamento, elogian a muchos individuos por su respuesta y entrega personal a Dios. Enoc (Génesis 5:21-24) Noé (Génesis 6:9-12) y Ana (1 Samuel 1:9-2, 11) al igual que los profetas aparecen como personalidades que tuvieron una experiencia espiritual y personal.

- Asimismo, el Antiguo Testamento juzga y condena a los individuos por sus obras malas. Cuando David cometió el adulterio con Betsabé, él sufrió su castigo (2 Samuel 12:1-23). Cuando Jezabel enfrentó la muerte, bajo las murallas de Yezrael, la opinión pública consideró esa muerte como castigo justo por el asesinato de Nabot, previo a un juicio fraudulento (2 Reyes 9:30-37).

- Además, los códigos legales abundan en instrucciones sobre el modo de tratar a los individuos a la luz de su conducta. El caso de Acán, cuya familia fue castigada por el robo, es excepcional. Se consideró, casi con certeza, un delito específicamente religioso y por esta razón y los diferentes criterios era punible.

- Parece que Amós condenó a toda la nación, sin tener en cuenta la responsabilidad personal, aunque podría haber esperado que algunos se arrepintieran y evitarán ese castigo. (Amós 5:4-7, 14-15). Pero, otros profetas claramente distinguieron, entre la mayoría de las personas que habían quebrantado la Alianza y un pequeño grupo que no lo había hecho y que escaparía del castigo (Isaías 10:20-22; Miqueas 5:7-8; Sofonías 2:3; 3:11-13).

La idea de una solidaridad colectiva, es menos precisa y menos amplia de lo que se acostumbra pensar, pero es también menos característica de lo que a veces se ha sugerido. Hay muchos estados modernos que ofrecen un paralelismo en sus monumentos dedicados al soldado desconocido o al héroe caído.

Un soldado que fue enterrado en una plaza pública para ser un monumento perpetuo y conmemorativo de miles de otros, como el que murió en el campo de batalla y fue enterrado en los lugares anónimos donde falleció.

Cuando los pueblos rinden homenaje a esos monumentos nacionales, no honran primariamente al soldado que fue inhumado allí por azar. A través de él, están honrando la memoria de todos aquellos a los que él representa.

La analogía no es exacta, porque los hombres del antiguo Israel, obviamente compartían este gran sentido de solidaridad en muchos otros niveles de la vida diaria; pero la persona nunca se desvaneció de la nación y siempre se creyó que los hombres eran

mortales y espiritualmente responsables a Dios como individuos. [42]

Capítulo III

TRES SERMONES EN SERIE

El ministerio profético de Ezequiel comenzó cuando estaba en Babilonia. Podemos ver de esta forma que los cautivos de Judá que se encontraban viviendo en Babilonia, tuvieron la oportunidad de escuchar sus mensajes.

Los mensajes de Ezequiel, les informaban acerca del juicio definitivo que iba a caer por manos de los babilonios. También podemos ver que, dentro de estos mensajes, se manifestaban los mensajes de días de gloria y esperanza para un futuro.

A pesar de todos los mensajes que Ezequiel llevaba a estos cautivos, también se dirigía a los judíos que estaban residiendo en Judá y que insistían en seguir en su incredulidad.

- Datos Importantes: Juicio, Justicia y Restauración del Pueblo de Israel
- Geografía: Judá y Babilonia

- Personajes: judíos en Judá y Babilonia
- Textos Bíblicos *Ezequiel 36:16-30* [43]

EZEQUIEL 36:16-20

[16] El Señor se dirigió a mí, y me dijo: [17] Cuando los israelitas vivían en su tierra, la profanaron con sus malas acciones. Su manera de vivir era para mí algo sucio y repugnante. [18] Entonces descargué mi ira sobre ellos por los asesinatos que cometieron en el país y por la manera en que lo profanaron adorando a los ídolos, [19] y en castigo de sus malas acciones los dispersé entre los demás países y naciones. [20] Pero en todos los pueblos a donde ellos llegaban, ofendían mi santo nombre, pues la gente decía: Estos son el pueblo del Señor, pero tuvieron que salir de su país.

Aquí el Señor está hablando con Ezequiel. Me interesa mucho la forma en la que el Señor, en este versículo empieza a tener esta conversación, es obvio que tiene una tristeza y como si se estuviera quejando, trata de que Ezequiel entienda su dolor.

Vemos como el Señor, empieza a narrar la historia del pueblo israelita. Empieza primero acordándole de cómo vivían los israelitas en su tierra. El Señor da una descripción de cómo ellos profanaron la tierra con sus malas acciones. El Señor le dice que hasta su manera de vivir era algo sucio y repugnante para él.

Parece que al ver la condición en que los israelitas habían profanado su tierra cometiendo asesinatos y adorando ídolos, lo provocaron para castigarlos y para descargar su ira sobre ellos; asimismo los dispersó entre otros países y naciones. Sin embargo, el Señor se da cuenta de que los israelitas, ofenden su nombre en todos los pueblos adónde ellos llegaban.

El Señor sabía esto porque la misma gente decía ¿éste es el pueblo del Señor? El pueblo de Israel fue expulsado de la tierra por sus pecados. Sin embargo, con todo y eso continuaron cometiendo los mismos pecados adondequiera que iban.

En este capítulo y estos textos que elegí, no pude contener las emociones que pasaron por mi mente y mi espíritu, al ver cómo el Señor estaba hablando con Ezequiel. En ese mismo momento, mi mente estaba luchando entre dos pensamientos, pensaba que era de mí de quien él estaba hablando, pero a la misma vez con quien él se estaba desahogando. Era como si yo estuviera haciendo el papel de psicólogo y paciente al mismo tiempo.

También podía sentirme parte del pueblo de Israel, viéndome como uno de ellos, donde el Señor también podía haber estado hablando de mí y quejándose de mi comportamiento. Yo sólo seguía leyendo, mientras leía, sentimientos de tristeza y deseos de llorar me abrumaban.

Tenía que parar y pedir perdón por situaciones en las que yo misma podría haberle hecho sentir avergonzado de mí. Era como si el Espíritu Santo estuviera sacando su linterna espiritual y dirigiendo esa luz a las áreas en mi vida que necesitaba admitir, arrepentirme, cambiar y sanar.

Hoy en día esto sucede muchas veces en el pueblo de Dios. Donde queremos ver a la gente ser transformada, actualizadas y gente sanarse dentro de nuestras iglesias. Pero hay tanta desobediencia, tantas ofensas a Dios que causaría una encuesta completa del pueblo.

Son muchas las veces que profanamos a Dios con nuestras malas acciones que lo provocamos en ocasiones a que él nos vea como sucio y repugnante, hasta el punto que nos dispersa entre nosotros mismos.

A veces, no podemos imaginarnos a Dios, afligido por nuestros comportamientos, hay momentos que no podemos ver a Dios mostrar su santidad ni su justicia en nuestros templos, porque tenemos demasiados ídolos.

IDOLO

Un ídolo [44] es una representación de algo en los cielos o en la tierra, hecha con el propósito de rendirle culto. Los ídolos son una cosa abominable para Dios (Éxodo 20:4; 2 Reyes 21:11; 2 Corintios 6:16).

La idolatría consiste, en honrar a las criaturas en lugar del Creador, postrarse ante los ídolos en adoración, plegaria o veneración. Según la Biblia, en sentido amplio, la idolatría no necesita una imagen material, ni un sistema religioso desarrollado.

Puede ser cualquier cosa que toma el lugar que le pertenece sólo a Dios; Pablo llama idolatría, a los malos deseos y a la codicia (Colosenses 3:5). Es denunciada y prohibida por Dios en los diez mandamientos y considerada una forma de adulterio o fornicación espiritual. Los idólatras serán condenados a un castigo eterno (Apocalipsis 21:8; 22:15). Cuando nos convertimos por la fe en Jesucristo, pasamos de adorar ídolos a adorar a Dios (1 Tesalonicenses 1:9).

Los ídolos no solamente son imágenes ni estatuas de sal, sino que también son esas cosas que muchas veces, nos roban el tiempo de poder acercarnos más a Dios y de buscar su presencia. Si verdaderamente nos examinamos y tomamos un inventario de nuestras vidas, nos quedaríamos sorprendidos donde y en qué cosas gastamos o perdemos el tiempo.

Tenemos que empezar a ver que Dios es Omnisciente—que todo lo ve, Omnipresente—que está en todos los lugares y Omnipotente—que tiene todo el poder. Que no nos creamos que él, está tan lejos en los cielos que no puede ver lo que hacemos ni lo que decimos.

Si él pudo recalcarle a Ezequiel la vida del pueblo de Israel paso por paso, ¿qué nos hace pensar que él no puede hacer lo mismo con nuestras vidas?

Pienso que éste era el conflicto de Israel, aunque Dios se le presentaba a cada momento y cuando no utilizaba profetas para llevarles el mensaje de aviso, era como si nunca hubieran conocido a Dios.

En esta ocasión, como todo ser humano, llegan preguntas inquietantes, los pongo en tela de juicio y luego llego a la conclusión que, es cierto que Dios siempre estaba amonestando, aconsejando, advirtiendo e incluso disciplinando al pueblo de Israel. Entonces reacciono y reconozco que la diferencia entre nosotros y el pueblo de Israel es que ellos estaban haciendo historia.

Parte de esa historia era que estaban ayudando a escribir estos libros, para que los gentiles que vendrían tras ellos tuvieran ejemplos de las cosas que nuestros antepasados tenían que vivir.

¿Cómo podemos por medio de esas experiencias, no tener que sufrir las mismas consecuencias, ni tener los mismos comportamientos, ni hacer las mismas cosas desagradables que hacían el pueblo de Israel?

Era más como una herramienta de educación y prevención para que no cayéramos en las mismas trampas.

Pero, con qué frecuencia y con todo lo que se nos ha dejado escrito en las escrituras, hacemos lo que queremos y desarrollamos los mismos comportamientos que nos dejan los mismos resultados y a veces nos comportamos peor que los israelitas.

EZEQUIEL 36:21-23

21 Entonces me dolió ver que, por culpa de Israel, mi santo nombre era profanado en cada nación adonde ellos llegaban. 22 Por eso, dile al pueblo de Israel; esto dice el Señor: Lo que voy a realizar no es por causa de ustedes, israelitas, sino por mi santo nombre que ustedes han ofendido entre las naciones a donde han ido. 23 Yo voy a mostrar ante las naciones la santidad de mi gran nombre que ustedes han ofendido entre ellas; cuando yo lo haga, ellas reconocerán que yo soy el Señor. Yo, el Señor, lo afirmo.

A toda esta conversación que el Señor tiene con Ezequiel, en ningún momento se escucha o se observa que Ezequiel tuvo una respuesta. Me pregunto si Ezequiel pensó, ahora ya sabes cómo me siento.

Aquí vemos al Señor hablando de su dolor. No sólo de su dolor, sino que identifica quién está causando ese dolor y al mismo tiempo, tiene preocupación por lo que esto está causando a su reputación porque él dice: por culpa de Israel, mi nombre santo era profanado en cada nación adonde ellos llegaban (v. 21).

Por eso es que el Señor dice que lo que va a hacer que suceda, no es por causa de los israelitas, sino por su nombre santo. Aquí puedo ver que el Señor quiere restaurar su nombre, porque el pueblo de Israel lo ha profanado por todas las naciones a donde han ido.

Por eso es que el Señor dice: voy a mostrar ante las naciones la santidad de mi nombre. El continúa diciendo que cuando él haga esto, estas naciones reconocerán que *Yo soy el Señor* y entonces como si él hubiera firmado una carta, termina esta oración con *Yo, el Señor, Yo lo afirmo.*

Estos capítulos hablan de pecado e incredulidad en Judá y son sentencias muy severas. Pero después de la caída de Jerusalén, en el año 586 a.C., los mensajes de Ezequiel cambian de manera acusatoria, a profecías de esperanza y consuelo (caps. 33-48).

El llamamiento de Ezequiel y su encomienda no fue fácil. Aunque tenía privilegios de experimentar a Dios cara a cara y ver visiones donde podía observar la gloria, el poder y la majestuosidad de Dios, no sé si esto sería suficiente para convencer o atraer la atención a otra persona para asumir este desafío.

Me imagino que Ezequiel tuvo que estar aturdido con entumecimiento cerebral, hasta el punto de ser hipnotizado para poder aceptar este llamado.

Especialmente, cuando este llamado viene con una advertencia severa (que es para estremecerse) donde se le dice: voy a quitarte de un sólo golpe a la persona que tú más quieres. ¿Cuántos de nosotros, hubiéramos aceptado este llamado? Esto es suficiente como para hacer que una persona caiga en un choque mental.

No solamente esto, sino que entonces entrarían las preguntas y rechazos de la persona. Me imagino a una persona diciendo: ¿Cómo que me vas a quitar lo que más amo? ¿Cómo esperas que acepte tu llamado, si me pides algo tan difícil y encima de eso es como si me estuvieras castigando? Aun así, ¿quieres que acepte tu proposición o llamado para hacer qué?

Creo que no sería la forma más democrática o diplomática de llegar a una persona y pedirle que sea un colaborador, en una misión en la que la posibilidad y la certeza de antemano de que la vida de un ser querido sea eliminada, es parte de la iniciativa.

Por otra parte, antes de que me lo digan; Dios es Dios, él hace lo que él quiere, porque él es Dios—esto es indiscutible. Puedo seguir hablando en esta parte abogando a favor de Ezequiel, pero me saldría del contexto (déjame continuar con el pensamiento anterior).

A veces, me pongo a pensar que la razón por la cual muchos eruditos o expertos se refieren a Ezequiel, como una persona despistada, extático, visionario, neurótico, psicótico y sin escrúpulos, hablando cosas que no tenían sentido ni se entendían, radical y hasta en ciertas ocasiones, esquizofrénico; es porque han dejado atrás la escena de la esposa de Ezequiel.

En muchas ocasiones, ni la mencionan, aunque esto no ha de sorprenderme, siendo que así pasa frecuentemente en muchas exposiciones bíblicas, donde existe una pareja y como la mujer no es mencionada por nombre, pues inmediatamente la mentalidad de la persona es que, si no la mencionaron, es porque no era importante ni digna de mencionar.

Pero aquí, la esposa de Ezequiel fue también parte de su vida, no sabemos cuánto se amaban, pero eso no niega tampoco, el hecho de que ella también contribuyó a una parte de la vida de Ezequiel.

Se han olvidado de que Ezequiel, no pudo afligirse por la muerte de su esposa, no pudo llorarla, se le prohibió que exhibiera algún sentimiento hacia su muerte, no pudo despedirla, no pudo cerrar esa parte de su vida, la cual explicaría el porqué del estado mental y el comportamiento de Ezequiel.

Había una depresión interna de la cual nunca pudo desahogarse de ella. Así pasa con frecuencia, a las personas que se nos acercan para terapias o consejerías. Si somos sinceros con nosotros mismos, no queremos oír de la depresión en la que han caído, es más hasta antes de escuchar su dolor, ya tenemos una respuesta a su problema.

Queremos nada más que presentarle a Dios y que todo va a estar bien, si solo buscan de Dios y se salvan o se convierten; así por el estilo (puedo abundar más, pero voy a dejarlo como una tarea para un segmento en otra ocasión.)

Sin embargo, nos olvidamos que Jesús primero se mostraba amigo del sufrido, atendía primero su condición natural, para poder revelarle la gloria de Dios. Es fácil, pasar por encima de este dato tan importante de la vida de Ezequiel y empezar a criticar el carácter de su persona, sin considerar el porqué del comportamiento de Ezequiel.

No solamente esto, sino que por parte del mismo Dios recibió la noticia o sentencia fría y directa: voy a quitar de un sólo golpe a la persona que tú más quieres. Si esta amenaza se le dijera a una persona hoy en día, esa persona iría a la cárcel inmediatamente, porque es una amenaza de muerte hacia otra persona.

Pero Dios sigue diciéndole a Ezequiel: no sufras dolor ni llores; no derrames lágrimas. Sufre en silencio y no llores como se hace por los muertos. No camines con la cabeza descubierta ni descalzo; no cubras tu cara con dolor ni comas el pan que se come en tales casos (Ezequiel 24:15-18).

A pesar de que tengo el conocimiento del propósito de lo que Dios quería ilustrar a la gente, a través de la muerte de la esposa de Ezequiel, no puedo entender ni comprender ¿cómo es posible que Dios pida a Ezequiel, a quien está preparando para usarle como mensajero que no mostrase ninguna emoción acerca de la muerte de su esposa?

Esto es algo que es difícil de digerir y entender, especialmente cuando ni tan siquiera le da un aliento de vida o esperanza diciéndole algo como—no te preocupes que ella va a estar conmigo—volverás a verla el día de resurrección.

No veo la compasión, comprensión ni misericordia de Dios hacia Ezequiel en este contexto. Lo cual me sorprende que Ezequiel no hiciera ningún pretexto, como lo han hecho otros profetas en la Biblia. ¿Dónde están las Buenas Nuevas de salvación en esta historia?

A la misma vez, puedo entender porque muchos otros profetas como, por ejemplo: Moisés y Jonás tuvieron tensión con la situación de su llamado. Dos profetas que fueron capaces de decir con denuedo: ¡No-A-Dios! Aunque después aceptaran el llamado y el reto. Aunque también sabemos que al final Dios siempre triunfa.

EZEQUIEL 36:24-30

24 Yo los sacaré a ustedes de todas esas naciones y países; los reuniré y los haré volver a su tierra. 25 Los lavaré con agua pura, los limpiaré de todas sus

impurezas, los purificaré del contacto con sus ídolos;
²⁶ pondré en ustedes un corazón nuevo y un espíritu
nuevo. Quitaré de ustedes ese corazón duro como la
piedra y les pondré un corazón dócil. ²⁷ Pondré en ust-
edes mi espíritu, y haré que cumplan mis leyes y de-
cretos; ²⁸ vivirán en el país que di a sus padres, y serán
mi pueblo y yo seré su Dios. ²⁹ Los libraré de todo lo
que les manche. Haré que el trigo abunde, y no volveré
a enviarles hambre. ³⁰ Haré también que los árboles y
los campos den más fruto, para que ustedes no vuel-
van a pasar vergüenza delante de las otras naciones
por causa del hambre.

Creo que todos pasamos por momentos, cuando Dios nos llama o nos ha llamado a servirle en espíritu y en verdad. Dios nos ha dado una misión que cumplir y tenemos que revisar nuestras agendas personales y reconocer que esta misión, va a requerir ajustes en nuestras vidas, lo que hace difícil aceptarlo en ese momento.

Porque significa: separación, preparación, santificación y purificación, para poder hacer el trabajo Santo del Señor. Muchas veces lloramos, pleiteamos, tratamos de llegar a un compromiso o a un acuerdo con el Señor, para que él vea el punto de vista nuestro y él nos dice; ¡NO! —es mi plan, sólo yo sé cómo lo voy a llevar a cabo.

Una de las muchas cosas que uno aprende en el desarrollo de nuestro carácter, es la humildad y la obediencia. Lo que nos sustenta, es la esperanza del que él sabe lo que está desarrollando en nosotros, de que sólo somos los mensajeros y dentro de este aprender se produce la paciencia, el proceso que a nadie le gusta, pero que es un ingrediente que no se puede eliminar.

Pero también sabemos que nuestros hermanos israelitas, nos dejaron un buen ejemplo y unas evidencias palpables de las consecuencias cuando uno desobedece.

Por eso, hemos aprendido que mejor es la obediencia que el sacrificio y que no queremos experimentar el juicio de Dios; tenemos que acceder al llamado, aunque tengamos que tragar fuerte y beber el trago amargo. Tal y como Jesús dijo: Padre, si es tu voluntad, aparta *de mí esta copa*; pero no se haga mi voluntad, sino la tuya (Mateo 26:39).

Es interesante ver que cuando Dios llama a Ezequiel a ministrar como su profeta, le dijo que era enviado a una nación terca, dura y rebelde; que su ministerio no sería bien recibido cuando les hable de juicio.

Esto me recuerda el refrán anglosajón que dice: Please don't kill the Messenger! ¡Por favor no maten al mensajero! En lenguaje contemporáneo no me tiren al medio. Para cimentar esto con lo que dice la Biblia: horrenda cosa es caer en las manos de un Dios vivo (Hebreos 10:31).

La profecía de Ezequiel contenía mensajes de juicio sobre Judá. Nadie quiere saber de malas noticias, ni oír estos mensajes, especialmente si son mensajes donde las cosas ocultas son traídas a la luz y que las consecuencias de estos comportamientos, particularmente si se pesan en la escala de justicia, el final usualmente es que alguien siempre tiene que pagar el precio; por eso es que yo siempre digo que tenemos que mantener pequeñas cuentas con el Señor.

A diferencia de los constituyentes del mensaje de Ezequiel, él tenía señales, advertencias de lo que iba a suceder durante los últimos años anteriores a la destrucción de Jerusalén. Por lo tanto, no es lo mismo cuando una persona ha tenido una visión del futuro, en contraste con una persona que sólo vive en el presente, sin tener en cuenta el impacto de sus acciones en el futuro.

Particularmente si no tiene fe, o si la fe está vacilando, o si a la verdad la nube de la incredulidad, le ha sobrecogido con tal magnitud que sus ojos espirituales han sido vendados y no tiene ninguna dirección adónde va o adonde puede ir.

Por otro lado, es importante reconocer que a pesar de las ilustraciones visuales que Ezequiel empleaba en su predicación; el mensaje era el mismo: Judá va a ser sacudido con el juicio de Dios por sus pecados.

Una de las razones principales del juicio era por la idolatría. Lo más impresionante es la forma como Dios irrumpe en la historia. El Señor muestra a Ezequiel cuatro visiones acerca de la idolatría en Judá.

Cuando leí este capítulo de Ezequiel, pienso y digo, Dios es un Dios justo. Cuando Dios trae juicio, él trae consigo la evidencia. Así como un padre le da oportunidades y advertencias a su hijo para que corrija su comportamiento antes de que la mano del castigo caiga sobre él. Dios también hace lo mismo con los suyos cuando somos tercos, duros y rebeldes.

Siguiendo en este mismo pensamiento. Podemos ver por medio de la visión de Ezequiel que la gloria de Dios abandona el templo. En un instante surgen las emociones: ¡Qué momento más triste; que noche más oscura; que prueba pesada y que dolor tan fuerte!

Me parece imaginar al hijo prodigo llegarse hasta donde su padre y a lo mejor su padre se pensaba que venía a darle un abrazo; a preguntarle cómo estaba o tan siquiera a platicar con él. Pero cuan triste y doloroso para él es la declaración de su hijo cuando le dice: ¡dame mi plata que me voy! (parafraseando).

Es como un golpe de estado, al cual se tienen que enfrentar un padre o una madre sin ninguna anticipación o preparación para esta escena. Repentinamente el padre da la vuelta, va a su caja fuerte, busca la herencia y la da a su hijo.

También puedo ver a Dios de esta manera, pero la diferencia aquí es que se intercambian los papeles del personaje y el que se marcha de esta escena es Dios. No puedo imaginarme a Dios alejarse de mí.

Las preguntas inquietantes y urgentes inmediatamente entran en mi mente; ¿Por qué te vas? ¿Qué te he hecho? ¿Qué puedo hacer o qué debo hacer para que te quedes? ¡Enséñame a hacer tu voluntad! ¡No te puedes ir! ¡Sin ti no puedo vivir! ¡Dame una oportunidad más! ¡Te necesito Dios!

Estas exclamaciones y declaraciones, son algunas de las muchas que pueden llegar a la mente de una persona. Pero, la parte más triste de todo esto es que por más que tú le supliques y le digas a gritos todas estas frases, él con todo y eso se marcha. ¡Qué momento frío! ¿Cómo podré conquistar su gloria de nuevo en mi vida?

La realidad de todo este pasaje es que estremece todo mi ser, sabiendo que todos tendremos que experimentar un episodio o capítulo como este, donde el juicio de Dios será derramado sobre nosotros, a causa de todo el pecado en este mundo.

Comenzando desde la idolatría hasta la violencia. Dios mismo va a ser quien va a entrar en guerra con este planeta tierra, sus habitantes y con los líderes malvados de nuestra nación.

No obstante, aquellos que le servimos con amor y de todo corazón vamos a poder descansar en el gozo del Señor y ver los días gloriosos de la restauración, cuando regrese la gloria de Dios al templo. Así que podemos tener la esperanza de un futuro excelente, donde no habrá más llanto ni tristeza, sino que todo será; ¡gozo, paz y justicia en el Espíritu de Dios!

Ezequiel también habla de una doble restauración de la nación y del pueblo de Dios. Estas verdades de la restauración de Israel, dan una breve declaración de los puntos principales de la visión de Ezequiel del *valle de los huesos secos* (Ezequiel 37:1-14).

El exilio duró 70 años, los cuales fueron años difíciles y desalentadores para el pueblo de Dios. Pero aquellos años de cautividad, fueron también años valiosos para Israel, porque aprendieron que Dios es Santo. Dios no tolera el pecado, el pecado los separa de Dios y el pecado es finalmente castigado.

Después del período del exilio, Israel fue una nación espiritualmente más fuerte. Por eso es que tenemos que acordarnos que las aflicciones que pasamos hoy en día, no han de compararse con la gloria venidera que en nosotros pronto ha de manifestarse.

El Señor continúa su discurso con Ezequiel, diciéndole que los sacará de todas esas naciones y países; Dios mismo los reunirá y los hará volver a su tierra. El mismo los lavará con agua pura, los limpiará de todas sus impurezas, los purificará de la contaminación de los ídolos y pondrá un corazón nuevo y un espíritu nuevo en ellos.

El Señor, continúa diciendo que él quitará de los israelitas ese corazón duro como la piedra y les pondrá un corazón dócil. El mismo pondrá en ellos su espíritu y hará que ellos cumplan su ley y sus decretos. El Señor es intencional en lo que le está diciendo a Ezequiel, porque al final, él quiere que ellos sean su pueblo y él será su Dios.

El mismo Señor, se va a asegurar de librarlo de todo lo que los pueda manchar. Dios le dará abundancia, porque él dice que le dará del trigo abundantemente y no volverá a enviarles hambre.

El mismo Señor continúa con su promesa y dice que él hará también que los árboles y los campos den más fruto, para que el pueblo de Israel no vuelva a pasar vergüenza delante de las otras naciones por causa del hambre.

Podemos ver como el Señor hace justicia, aun cuando no lo merecemos por causa del dolor, la tristeza, los disgustos e inquietudes que le hemos causado. Aunque nosotros le seamos infiel, él siempre permanece fiel, porque él nos ama, su ira no durará por mucho tiempo.

Pude apreciar en todo este capítulo, a pesar de los pecados pasados de Israel y su restauración misericordiosa, a pesar de las transgresiones de su pueblo, Dios dispone que su pueblo sea restaurado, no a causa de los méritos de los exiliados, sino a causa de su nombre santo.

La restauración vindicará a Dios, quien no carece de poder, sino que es un Dios santo y justo. Por eso puedo decir con firmeza: *¡Dios tiene un Plan conmigo, aún en el exilio!*

Preguntas de Reflexión

¿Cómo vas a cambiar tus comportamientos para no causarle dolor al Señor?

¿Dónde estás limitando a Dios en tu vida?

¿Cómo estas sirviéndole a Dios con alegría y gozo de corazón?

¿Cómo vas a proteger la reputación del nombre de Dios?

Bibliografía

[1] William Sanford Lasor, David Allan Hubbard, Frederic William Bush. Panorama del Antiguo Testamento. Mensaje, forma y trasfondo del Antiguo Testamento. p. 450.

[2] John William Drane. El Antiguo Testamento. Los Relatos. p. 149-152

[3] Ezequiel también tuvo noticia de las consecuencias de la catástrofe del año 701, cuando los filisteos se Anexionaron a algunos territorios judíos; sobre Ez. 16:26, cf. O. Eissfeldt, PJB (1931) 58s.

[4] Ez. 19:1, 10; 27:1; 28:11; 31:1; 32:1.

[5] K. V. Rabenau, Die Form des Ratsels im Buche Hesekiel: Wiss. Zeitschr. D. M.-Luther-Universitat Halle-Wittenberg (1958).

[6] Yahveh. Wikipedia, La enciclopedia libre.

[7] El no hacer caso al mensaje del profeta debió adquirir extrañas formas. Parece que hubo algunos que le oyeron como se oye a un cantor que tiene buena voz (Ez. 33:32).

[8] Ez. 20:30; 43; 23:7; 13:30; 22:26; 23:39; 36:22.

[9] Ez. 7:2; 21:7; 36:6; 6:2; 35:12; 36:1,4,8.

[10] En textos como Ez. 18:5; o 33:25, se puede ver en qué clase de órdenes piensa el profeta.

[11] También en la tradición sacerdotal se encuentran interpretaciones teológicas de ese mandamiento (Núm. 3:12; 8:16). En Ezequiel esa interpretaciónde un mandamiento, que se tenía por mandamientode Yahveh, pero que ya desde hacía tiempo no se cumplía, es de una audacia suprema. Pero como Ezequiel entendió también los mandamientos del Sinaícomo dispensadores de vida (20:11) no se puede deducir nada fundamental sobre la significación teológica de los mandamientos para Israel, partiendo de la interpretación de un mandamiento aislado. Ezequiel mismo habla de este asunto como una excepción.

[12] Ezequiel utiliza aquí, y en el capítulo 16, la palabra se prostituye en un doble sentido. El entiende como tales las divinidades de la naturaleza con la apostasía sectaria culta, y a veces los pactos de protección política con grandes poderes.

[13] Gerhard von Rad. Teología del Antiguo Testamento. Vol. II. pp. 276-287.

[14] J. Taylor, L.H. Brockington, (Ezekiel), HDB, 1963, p. 295, lo ubica en 597.

[15] Han sido presentadas otras interpretaciones del año treinta; ver los comentarios. Parece que W. Eichrodt cometió algún descuido, porque mientras que está de acuerdo en que Ezequiel tenía treinta años en 594, sugiere que el profeta estaba profundamente impactado por los aspectos religiosos de la reforma, refiriéndose a la limpieza del templo en los días de Josías, en 621, cuando Ezequiel tenía sola-

mente tres años de edad; Ezekiel, trad. C. Quin, OTL, Filadelfia, 1970, p.1.

[16] Anno Dómini era. Wikipedia, La enciclopedia libre.

[17] La preocupación de los críticos por los problemas literarios, históricos y psicológicos a menudo ha comprometido la importancia teológica del libro de Ezequiel para el testimonio bíblico pleno; B.S. Childs, Old Testament as Scripture, p. 371.

[18] The Book of Ezekiel, Westwood, N.J., 1956, p. 9; ver W.S. LaSor, Great Personalities of the Old Testament, p. 154.

[19] N.K. Gottwald, A Light to the Nations, New York, 1959, p. 381.

[20] A. Wiser, Old Testament, p. 228.

[21] Detalles históricos se encuentran en M. Noth, historia, pp. 270-303; J. Bright, Historia, pp. 387-406; K. Harrison, History of Old Testament Times, Grand Rapids, 1957, pp. 195-205; F.F. Bruce, Israel y las naciones, pp. 102-106.

[22] Una interesante descripción de la vida en el exilio se encuentra en P. Heinisch, History of the Old Testament, trad. W. Heidt, Collegeville, Minn., 1952, pp. 310-314.

[23] Prophecy in Ancient Israel, pp. 386s. La evidencia bíblica indica que el criterio para la deportación incluyo la nobleza, los jóvenes, los que tenían fortaleza física y los que poseían aceptabilidad política y social.

[24] William Sanford Lasor, David Allan Hubbard, Frederic William Bush. Panorama del Antiguo Testamento. Mensaje, forma y trasfondo del Antiguo Testamento, p. 455.

[25] Es útil el estudio de Childs; Old Testament as Scripture, pp. 363, 368s.

[26] BDB, p. 9, cita ochenta y siete apariciones; Veteris Testamenti Concordiantiae, New York, 1955, pp. 209, 93; G.V. Wegram, The New Englishman's Hebrew and Chaldee Concordance, Wilmington, Del., 1972, p. 92.

[27] Heb. Ben 'ādām. El plural b^enê hā' ādām, hijos de hombre, seres humanos, aparece en otros lugares; ben 'ādām tiene un paralelismo con $^{'e}$nôš en Job 25:6; Sal. 8:4. De acuerdo con Eichrodt, la expresión de Dn. 8:17 se deriva de Ezequiel; Ezekiel, p. 61.

[28] Commentary on Ezekiel, trad. T. Myers, Grand Rapids, 1948, s.v. 2.3.

[29] Ver Eichrodt, Ezekiel, p. 61.

[30] Ezekiel, ISBE 2, 1982, p. 262. Evidencia de fuentes extra-bíblicas apoyan su teoría básica.

[31] Nótese Lc. 9:51 con referencia a Jesús: afirmó su rostro para ir a Jerusalén, aunque una exégesis cuidadosa no apoya a esto como una fórmula de mensajero. En otros lugares, es un giro idiomático semita común que significa llevar a decidir, determinar.

[32] A causa de la muy alta frecuencia de la aparición de la palabra Yahveh en el Antiguo Testamento, es difícil y se presta a errores determinar estas expre-

siones. De acuerdo con BDB, la expresión que sigue alguna forma del verbo conocer, conocerán que, conoceréis que, aparece cuarenta y nueve veces en Ezequiel y nueve en otras partes. Mandelkern cita unas sesenta en Ezequiel. Además, otras expresiones tales como, Yo, Yahveh, he dicho, Yo, Yahveh, hablaré, Verán que yo soy Yahveh, y Yo soy Yahveh aparecen solamente seis veces.

[33] William Sanford Lasor, David Allan Hubbard, Frederic William Bush. Panorama del Antiguo Testamento. Mensaje, forma y trasfondo del Antiguo Testamento. pp. 458-459.

[34] En el simbolismo cristiano, el león representa a Mateo, el buey a Marcos, el hombre a Lucas y el águila a Juan; sin embargo, difícilmente puede tomarse esto de la visión de Ezequiel. Las imágenes de Ap. 4:6 se derivan claramente de Ez. 1.

[35] La palabra hebrea k^e $b\hat{o}d$ yhwh, gloria de Yahveh a veces, k^e $b\hat{o}d$ '^{e}lōhîm, Gloria de Dios es otra característica del libro. Solamente Isaías y Salmos se aproximan al uso de Ezequiel.

[36] Ver E.L. Allen, Exposition of Ezekiel, IB 6, pp. 132s.

[37] William Sanford Lasor, David Allan Hubbard, Frederic William Bush. Panorama del Antiguo Testamento. Mensaje, forma y trasfondo del Antiguo Testamento. p. 460.

[38] Ver también H.H. Rowley, La fe de Israel, pp. 95-97.

[39] William Sanford Lasor, David Allan Hubbard, Frederic William Bush. Panorama del Antiguo Testamento. Mensaje, forma y trasfondo del Antiguo Testamento. p. 462.

[40] Samuel Pagán. Su Presencia en la Ausencia. pp. 82-96.

[41] John Drane. El Antiguo Testamento. La Fe. p. 100.

[42] Ibid. pp. 102-108.

[43] Los textos aquí usados han sido extraídos de la Biblia Dios Habla Hoy. Sociedades Bíblicas Unidas.

[44] Propiedad intelectual de Matthew J. Slick, 1998, 2000. Todos los derechos reservados. Ministerio de Apologética e Investigación cristiana. Diccionario Teológico.

Opinión sobre este libro

Si necesita más espacio, puede enviarnos una hoja por separado. Sus comentarios pueden y/o serán utilizados en futuras publicaciones. Puede enviarnos sus respuestas al correo electrónico o dirección postal. Gracias.

Jacqueline Torres, PhD.
9 Coughlin Rd., Manchester, CT 06040
drjacquelinetorres@cox.net
authorjacquelinetorres.com

¿Qué es lo que más te gustó de este libro?

¿Qué sentimientos te evoca este libro?

¿Qué aprendiste de este libro?

¿Qué te parece el título del libro? ¿Cómo se relaciona con el contenido del libro?

¿Cuál crees que fue el propósito del autor al escribir este libro?

¿Cuál fue el momento más emocionante en el libro?

¿Qué pensaste que era el punto más importante del libro?

¿Qué tan bien se transmite de qué se trata el libro?

¿Qué cambios vas a implementar en tu vida?

¿Quién más debería recibir una copia de este libro?

• Envíanos el nombre, correo electrónico y/o teléfono

¿Cuál es tu historia?

Si usted está interesado en escribir un libro, esta es su oportunidad. Si has escrito un plan de trabajo, predicaciones, currículo, mensajes de textos o en los medios sociales, pues escribir un libro es para ti.

Dentro de ti existe la habilidad de escribir tu primer libro sobre un tema que es importante para ti. La escritura es importante, las historias importan y cambian el mundo para bien. Tus experiencias de la vida y visión global te dan una voz que es únicamente tuya. Cuando compartas esa voz con el mundo, quedaras sorprendido del poder de tu palabra escrita y a quién llegará.

Las historias nos dan esperanza. Cuando puedes escribir de tus propias experiencias es como la terapia. Un libro es un ejercicio de disciplina y gestión del tiempo que pondrá a prueba tu resistencia. No guardes el secreto, sino compártelo con otros. Las personas a través de todo el mundo te dejaran saber las diferentes maneras en que tus palabras les ha tocado.

Los recuerdos son realmente lo único que queda de nosotros. Sin embargo, su libro será un legado, vivirá para siempre, especialmente en esta época digital. No se sabe dónde va a terminar y a quién seguirá inspirando a través de los siglos.

Otras razones para escribir un libro:

- motivar a otros y mejorar sus vidas
- realza las habilidades de lectoescritura
- cuenta tu historia
- deja un legado que te sobrevivirá
- mejora el hablar en público
- educarse a sí mismo mientras educa a otros
- reconocimiento mundial
- promover la educación de escritura a nivel mundial
- éxito de liderazgo
- éxito personal y empresarial
- éxito financiero

¿Está interesado en escribir un libro? envíanos tu:

1. Nombre
2. Correo electrónico
3. Dirección
4. Teléfono

¿Qué información necesitaría?

¿Cuál sería el título del libro?

¿Por qué ese título?

Dios tiene un Plan con su pueblo, aun en el exilio.

Jacqueline es una autora que combina la vida espiritual, personal y profesional de las personas para llevar un mensaje de conciencia y transformación.

Para su próximo evento de conferencia, retiros, talleres o alguna celebración en general.

CONTACTAR
860.748.2906
drjacquelinetorres@cox.net
authorjacquelinetorres.com

www.ingramcontent.com/pod-product-compliance
Lightning Source LLC
Chambersburg PA
CBHW021340090426
42742CB00008B/671